教师用书

幼儿园主题课程 垃圾分类

主编 章丽 朱蓉

 南京师范大学出版社

图书在版编目（ＣＩＰ）数据

幼儿园主题课程：垃圾分类．教师用书／章丽，朱蓉主编．— 南京：南京师范大学出版社，2021.5
ISBN 978-7-5651-4864-4

Ⅰ.①幼… Ⅱ.①章…②朱… Ⅲ.①垃圾处理—学前教育—教学参考资料 Ⅳ.① G613.3

中国版本图书馆 CIP 数据核字（2021）第 088213 号

书　　名	幼儿园主题课程：垃圾分类．教师用书
主　　编	章丽 朱蓉
丛书策划	徐益民　张　莉
责任编辑	於　迪　魏　丽
出版发行	南京师范大学出版社
地　　址	江苏省南京市玄武区后宰门西村9号（邮编：210016）
电　　话	（025）83598919（总编办）　83598412（营销部）　83598312（邮购部）
网　　址	http://press.njnu.edu.cn
电子信箱	nspzbb@njnu.edu.cn
照　　排	南京凯建文化发展有限公司
印　　刷	扬州市文丰印刷制品有限公司
开　　本	787 毫米 × 1092 毫米　1/16
印　　张	11
字　　数	215 千
版　　次	2021 年 5 月第 1 版　2021 年 5 月第 1 次印刷
书　　号	ISBN 978-7-5651-4864-4
定　　价	36.00 元
出 版 人	张志刚

南京师大版图书若有印装问题请与销售商调换
版权所有　　侵犯必究

《幼儿园主题课程：垃圾分类》
编写委员会

主 编

章 丽 朱 蓉

编写人员

王俊君 唐未名

韩 静 张 静

前　言

种下一颗美好的种子

　　幼儿生活在一个真实而灵动的世界中。周围环境的变化会引发幼儿的好奇、关注。垃圾是幼儿每天都会接触，但同时又是不被关注的东西。随着社会的发展，垃圾逐渐侵占人类的生活领土，环保问题日益被人类社会关注并重视。

　　人与自然是生命的共同体。拥有"绿水青山"是我们每一个人努力的方向。习近平总书记也强调"把生态环境保护摆在更加突出的位置"。《3—6岁儿童学习与发展指南》中提到"保护环境""爱护身边的环境，注意节约资源"。环境保护要从幼儿做起。从小在幼儿的心中根植环保的理念和让他们养成文明的行为习惯是我们幼教人的共同目标！

　　带着这样的思考，结合南京市垃圾分类工作的展开，南京市实验幼儿园的教师团队设计了本套丛书。

　　本套丛书的设计特点：1. 关注幼儿的现实生活，关注幼儿的兴趣，引导幼儿在感性的、直观的、可参与的日常生活中不断积累经验。2. 强调幼儿是活动的主体，通过与周围环境的互动不断丰富和提升幼儿的经验。3. 幼儿的生活是一个整体。幼儿园、家庭、社会在幼儿发展过程中共同发挥作用。从整体思考教育内容、方法、手段之间的联系，促进幼儿的整体性发展。

　　本丛书围绕"我们身边的垃圾""垃圾的分类方法""垃圾分类后去哪里了""垃圾还可以做什么"等相关话题，鼓励幼儿观察、调查、了解垃圾与日常生活的关系，发现垃圾的"有用""有趣"，展现另一种美好。

　　本丛书通过主题的形式组织活动、达成目标。每个主题围绕核心目标，通过集体活动、区域活动、户外活动、家园联系、环境创设等多种活动形式和途径,将垃圾分类落实在幼儿的学习和生活之中,使主题的效益放大。特别是家园共育部分,让幼儿作为环保小使者,将环保的理念与成人共享,从而带动成人社会中的垃圾分类工作。

我们期待,在大家的共同努力下,让幼儿从我做起,养成良好的行为习惯,从身边做起,从小树立环保意识,为建设清洁美丽的世界种下一颗美好的种子!

目 录

前言 / 1

小班

◎ 第一主题　有趣的垃圾车 / 3
1. 环卫车辆多（科学）/ 4
2. 垃圾车开来了（体育）/ 6
3. 环卫工与垃圾车（数学）/ 7
4. 垃圾车（音乐）/ 8

◎ 第二主题　垃圾分一分 / 11
5. 收拾教室（社会）/ 12
6. 垃圾要分类（语言）/ 13
7. 找找垃圾桶（数学）/ 15
8. 厨房的秘密（综合）/ 16
9. 我们的垃圾回收站（综合）/ 17
10. 小狗动起来啦（科学）/ 19
11. 环境小卫士（亲子活动）/ 20

◎ 第三主题　垃圾用处大 / 23
12. 垃圾变变变（综合）/ 24
13. 厨余垃圾变什么（语言）/ 25
14. 厨余垃圾变什么（音乐）/ 27
15. 美丽的撕贴画（美术）/ 28
16. 蚂蚁搬豆豆（体育）/ 29
17. 盖子碰碰乐（科学）/ 31
18. 纸盒小车（美术）/ 32
19. 欢乐报纸球（体育）/ 33

中班

◎ 第一主题　垃圾，从哪里来 / 39

线索一：我们身边有垃圾 / 40
1. 小海龟生病了（语言）/ 40
2. 我家的垃圾（社会）/ 42
3. 教室里的垃圾（社会）/43
4. 我是清洁工（体育）/ 45
5. 垃圾的悄悄话（社会）/ 46

线索二：有垃圾，怎么办？/ 48
6. 小河马波比（语言）/ 48
7. 谢谢清洁天使（社会）/ 50
8. 怕浪费婆婆（语言）/ 51

9. 请少用塑料袋（社会）/ 53

10. 拍一拍（音乐）/ 54

◎ 第二主题　垃圾分类，我知道 / 57

线索一：我身边的变化 / 58

11. "垃圾分类"我想问（综合）/ 58

12. 垃圾要分类（语言）/ 60

13. 各种各样的垃圾桶（社会）/ 62

14. 我心中的垃圾桶（美术）/ 63

线索二：垃圾怎么分 / 64

15. "可回收物"是什么（综合）/ 64

16. 清点可回收物（数学）/ 65

17. 我了解的厨余垃圾（综合）/ 67

18. 桌面垃圾桶DIY（美术）/ 68

19. 大家一起捡垃圾（亲子活动）/ 69

◎ 第三主题　垃圾，你去哪里了 / 72

线索一：垃圾要去哪里 / 73

20. 垃圾呢?（社会）/ 73

21. 小小垃圾车（音乐）/ 75

22. 神奇的小动画（科学）/ 76

23. 参观垃圾处理厂（社会）/ 78

线索二：垃圾还有用吗? / 79

24. 厨余垃圾旅行记（语言）/ 79

25. 神奇的垃圾回收（语言）/ 81

26. 制作收纳盒（美术）/ 82

27. 购物袋的变化（社会）/ 83

28. 瓶子娃娃（综合）/ 84

29. 好玩的报纸（体育）/ 86

30. 包装袋大变身（半日活动）/ 87

大班

◎ 第一主题　我们周围的垃圾 / 93

1. 我家的垃圾（社会）/ 94

2. 垃圾从哪里来（社会）/ 95

3. 幼儿园里的垃圾（综合）/ 97

4. 清理垃圾（体育）/ 98

5. 少用塑料袋（综合）/ 99

◎ 第二主题　垃圾分分类 / 102

线索一："垃圾分类"我知道 / 104

6. 垃圾标志找一找（一）
（社会）/ 104

7. 垃圾标志找一找（二）
（综合）/ 105

8. 有趣的垃圾分类标志
（综合）/ 106

9. "垃圾分类"我知道（一）
（综合）/ 108

10. "垃圾分类"我知道（二）
（综合）/ 109

11. 各式各样的垃圾桶
（综合）/ 110

12. 单数双数（数学）/ 112

线索二：可回收物和厨余垃圾 / 114

13. "可回收物"我知道
（综合）/ 114

14. "厨余垃圾"我知道
（综合）/ 115

15. 小菜皮的旅行（语言）/ 116

16. 拔根芦柴花（音乐）/ 118

17. 我发明的厨余垃圾处理器
　　（综合）/ 120
18. 垃圾桶有多高（数学）/ 121

线索三：有害垃圾和其他垃圾 / 123

19. "有害垃圾"我知道（综合）/ 123
20. "其他垃圾"我知道（综合）/ 124
21. 拯救垃圾中转站（体育）/ 125
22. 垃圾分类宣传海报（美术）/ 127

◎ **第三主题　垃圾去哪儿了** / 131

线索一：垃圾去哪儿了 / 132

23. 垃圾去哪儿了（综合）/ 132
24. 参观垃圾发电厂（社会）/ 134
25. 制作礼物盒（数学）/ 135
26. 好玩的鞋盒（体育）/ 136
27. 我设计的多功能垃圾车
　　（美术）/ 138

线索二：厨余垃圾用处大 / 139

28. 苹果核旅行记（语言）/ 139

29. 制作堆肥（科学）/ 141
30. 果壳镶嵌画（美术）/ 143
31. 学习7的组成（数学）/ 144

线索三：变废为宝 / 145

32. "可回收物"分一分（科学）/ 145
33. 爷爷一定有办法（语言）/ 147
34. 创意变变变（综合）/ 148
35. 百变纸箱（体育）/ 149
36. 小小演奏会（音乐）/ 150
37. 环保服装秀（亲子活动）/ 152

◎ **第四主题　我是环保小卫士** / 155

38. 地球招聘清洁工（语言）/ 156
39. 环境保护歌（音乐）/ 158
40. 给环保科学家的信
　　（综合）/ 160
41. 城市美容师（半日活动）/ 161
42. 保护秦淮河（综合）/ 162
43. 美丽的城市（语言）/ 164

垃圾分类
LAJI FENLEI

小班

第一主题　有趣的垃圾车

主题背景

  当下，为了保护环境，珍惜资源，垃圾分类已成为一项常规的民众措施。幼儿园小班的幼儿对垃圾有着怎样的认识呢？对垃圾分类这种举措有着怎样的理解呢？我们该如何引导小班的幼儿关注生活中的垃圾，感受到垃圾需要被分类呢？

  小班幼儿对各种各样的交通工具充满了好奇，每当在街边看到各种环卫车辆时，总是特别激动，他们喜欢停下来专注地观察，说一说这些车辆的外形特征，看一看这些车辆的工作方式，好像在琢磨这些车辆的构造为什么如此奇特，想知道其中到底藏着怎样的秘密。

  因此，在这个主题中，我们依循小班幼儿的年龄特点，从他们感兴趣的以垃圾车为主的各种环卫车辆入手，进入到相应的情境中，引导幼儿观察随处可见的环卫车辆，初步了解这些车辆的构造和工作方式，进而引导幼儿关注生活中的垃圾，知道垃圾需要被运到专门的地方做进一步处理，知道环卫车辆的工作可以为人们带来清洁美好的环境。该主题将为后续的相关主题活动奠定一定的经验基础，帮助幼儿树立初步的环境保护意识，培养良好的生活习惯。

主题目标

1. 知道日常生活中会产生各种垃圾，环卫车辆可以帮助清洁环境。
2. 萌发对垃圾车的兴趣，感受环卫车辆的多样性。
3. 初步树立保护环境的意识，培养良好的生活习惯。

主题实施路径表

集体活动	日常活动	环境创设	家园联系	区域游戏
1. 环卫车辆多（科学） 2. 垃圾车开来了（体育） 3. 环卫工与垃圾车（数学） 4. 垃圾车（音乐）	● 日常渗透 1. 观察和发现幼儿园里会产生哪些垃圾；熟悉活动室垃圾桶的位置，产生的垃圾自己主动丢进桶 2. 注意观察环卫工人进园清理垃圾，带领幼儿观摩，或采集相应影像资料，并播放欣赏 ● 餐前 师幼共同欣赏有关垃圾车或环卫车辆的绘本、图片、视频 ● 户外活动和散步 找一找、看一看幼儿园公共环境中的各种垃圾桶、垃圾处理设备等	1. 在活动室布置展台，展出幼儿收集的环卫车辆玩具模型 2. 收集有关垃圾车、环卫车辆的图书 3. 展览垃圾车、环卫车辆的挂图等	引导幼儿关注社区、道路中各种环卫车辆，感知它们的外形，听一听它们发出的声音，看一看它们工作的样子	● 益智区 拼拼垃圾车 ● 生活区 淘气的盖子 ● 语言区 各种各样的车 ● 建筑区 我会搭小车

1 环卫车辆多（科学）

活动目标

1. 观察多种用于环境卫生清洁车辆的外形特征，初步感知其多样性。
2. 对专用车辆感兴趣；能用短语表达自己的认识。

活动准备

1. 经验准备：幼儿生活中见过一些环卫车辆。
2. 物质准备：
（1）各种环卫车辆完整图片若干，部分遮挡图片若干。（喷雾降尘车、压缩垃圾车、扫路车、洒水车、护栏清洗车……）
（2）幼儿阅读材料1《环卫车辆多》、幼儿操作材料1《环卫车辆多》，人手一册。

活动过程

1. 看图猜谜：根据部分典型特征识别车辆。

◆ 依次出示喷雾降尘车、扫路车、压缩垃圾车等车辆的遮挡图片。（显示出具有典型特征的部分）

教师：图片里是什么？你是怎么看出来的？

◆ 依次出示上述车辆的完整图片（见幼儿阅读材料1《环卫车辆多》），说一说车辆的名称。

2. 认识几种常见的环卫车辆。

（1）了解环卫车辆的名称和用途。

◆ 依次出示环卫车辆的完整图片。

教师：你能找到这辆车最特别的地方吗？它是什么样子的？你知道它是用来干什么的吗？

（2）小结：这是××车，它可以……

洒水车——清洁路面。

护栏清洗车——清洗道路护栏。

喷雾降尘车——减少空中的粉尘。

垃圾车——转运垃圾。

扫路车——清扫道路。

3. 出示幼儿操作材料1《环卫车辆多》中不同场景的照片，让幼儿选择相应的车辆，巩固对不同车辆作用的了解。

场景一：被污染的道路护栏。

场景二：雾霾天气。

场景三：垃圾投放点。

场景四：有一些树叶的路面。

活动建议

★ 家园共育：在家里和爸爸妈妈一起收集多种废旧纸盒、塑料瓶子等，尝试用废旧材料表现各种不同类型的环卫车辆。

2 垃圾车开来了（体育）

活动目标

1. 能在高 15—20 cm 的斜坡上走上走下，并保持身体的平衡和协调。
2. 能勇敢地走斜坡，并控制好下坡的速度，和同伴保持安全距离。

活动准备

1. 经验准备：幼儿在散步中或跟家长外出时走过斜坡。
2. 物质准备：
（1）有斜坡的场地（自然斜坡、自制斜坡——木板斜架在平衡凳两侧）。
（2）自制报纸方向盘（或小号塑料圈），人手一个。

活动过程

1. 开始部分。
◆ 幼儿手持（报纸）方向盘，在场地中四散自由玩耍，根据教师的口令玩"红灯停、绿灯行"的游戏。
2. 基本部分。
◆ 幼儿在教师的带领下尝试在斜坡上走上走下。
◆ 教师：垃圾车要出发去运送垃圾啦，请排好队，我们要越过小山了！
教师带领"幼儿车队"一个跟一个走上斜坡，再从斜坡顶回头一个跟一个下斜坡。
◆ 请幼儿说一说走斜坡的感觉，并讨论怎样才能走得又快又稳。
◆ 教师：怎样才能走得又快又稳？我们再来试一试。
◆ 小结：上坡的时候身体向前倾；下坡时身体微微向后倾，腿可以稍稍弯曲，下坡时要放慢速度，和前面的小朋友保持距离。
◆ 幼儿再次循环练习上下斜坡，教师重点帮助不敢走的幼儿克服害怕心理。
3. 结束部分。
◆ 幼儿自由四散坐在场地中间，用双手轻轻拍打腿部放松。

活动建议

★ 家园共育：建议家长在日常生活中捕捉练习走平衡、走斜坡的机会，借助小区花坛等自然条件练一练、玩一玩。

3 环卫工与垃圾车（数学）

活动目标

1. 感受5以内的数量，学习用一一对应的方法比较两组物体的数量。
2. 积极参与数学操作活动，能用简单的语言讲述自己的操作过程和结果。

活动准备

1. 经验准备：幼儿对垃圾车有初步的认识。
2. 物质准备：
(1) 垃圾桶、垃圾车、环卫工人图片各6张。
(2) 操作单"比多少"（教师自制），骰子（大号）和各种小实物（瓶盖、干果壳、纽扣等）若干。

活动过程

1. 尝试一一对应摆放垃圾桶和垃圾车。
- 出示6张垃圾桶图片，引导幼儿给垃圾桶排排队。
- 给垃圾桶匹配垃圾车。
- 教师：垃圾车来运垃圾了，一辆垃圾车运送一桶垃圾。（引导幼儿在每张垃圾桶图片的下方一一对应摆放垃圾车图片）
- 教师：现在每个垃圾桶都有垃圾车运送垃圾了吗？（引导幼儿说一说"垃圾桶和垃圾车一样多"）
- 比较多和少。
  教师拿走一辆垃圾车：现在垃圾桶和垃圾车一样多吗？哪个多哪个少？你是怎么发现的？
2. 学习一一对应比较物体。
- 以散点的方式出示环卫工人图片和垃圾车图片。
  教师：用什么方法可以比较出环卫工人和垃圾车哪个多哪个少？（引导幼儿用一一对应的方法进行比较）
3. 幼儿操作练习。
- 第一、第二、第三组：练习操作单"比多少"。（观察画面上两组物体谁多谁少，在多的物体后面画圈）
- 第四、第五、第六组：游戏"掷骰子"。（两位幼儿各拿若干小实物。一位幼儿掷骰子，掷到几，两人分别拿出几个实物。看谁的速度快，数量准确）

第一主题　有趣的垃圾车

◆ 完成一次游戏之后,可以在小组之间交换。

活动建议

★ 日常渗透:教师可以在日常环节有意识地引导幼儿手口一致地点数 5 以内的物品。遇到同类物品还可以比比大小。

4 垃圾车(音乐)

活动目标

1. 学唱歌曲,感受歌曲的欢快和有趣,演唱歌曲时,吐字清晰。
2. 乐意参与歌表演活动,愿意用不同的身体动作表现垃圾车的特征。
3. 初步了解垃圾车的基本结构和工作方式。

活动准备

1. 经验准备:幼儿见过垃圾车运输垃圾。
2. 物质准备:
(1)垃圾车图片若干,有关垃圾车构造与工作方式的视频。
(2)垃圾车模型玩具若干。
(3)背篓若干、纸球若干。
(4)歌曲《垃圾车》。

活动过程

1. 欣赏图片,引发幼儿对垃圾车的兴趣。
◆ 出示垃圾车图片,引导幼儿观察垃圾车的外形特征。
　　教师:这是什么车?它是什么样子的?(垃圾车通常有一个大大的肚子)
◆ 初步了解垃圾车的功能。
　　教师:它是用来干什么的呢?垃圾车的大肚子有什么用处?(垃圾车的大肚子是垃圾厢,可以装很多垃圾)
◆ 播放有关垃圾车的视频,了解垃圾车的构造与工作方式。
　　教师:垃圾车是怎么把一个个垃圾桶里的垃圾倒进自己的肚子(垃圾厢)里的呢?

教师：垃圾车有长长的手臂（挂臂），平时弯曲着藏在身上，倒垃圾时就伸出来抓住垃圾桶；垃圾车还有大嘴巴（料斗），先把垃圾桶里的垃圾吃到嘴里，再吞进肚子。

2. 欣赏歌曲，学唱歌曲。

◆ 欣赏歌曲，感受其欢快和有趣。

教师：垃圾车真可爱，请小朋友们听一首关于垃圾车的歌曲。（教师清唱歌曲《垃圾车》）

教师：你听到歌曲里唱了垃圾车的哪些有趣的事情？

◆ 幼儿学习歌曲。

教师再次清唱歌曲1遍，幼儿熟悉、理解歌词内容。

教师弹琴，幼儿轻声跟琴念歌词。

◆ 幼儿齐唱歌曲2—3遍。

3. 歌唱表演。

◆ 幼儿一边做动作一边演唱歌曲。

◆ 以小组形式进行歌唱表演，边做动作边演唱。

◆ 为表演的幼儿提供背篓，充当垃圾厢，提供纸球充当垃圾。

活动建议

★ 区域活动：可将背篓和纸球投放在表演区、音乐区等游戏区域中，供幼儿在创造性游戏时间自主选择游戏。

【附歌曲】

垃 圾 车

$1=C \ \frac{2}{4}$

| 5 5　3 5 | 6 3　5 | i i　6 5 | 1 3　2 |

垃 圾　车 呀　　真 可　爱，　　肚 子　像 个　　大 袋 袋

| 2 3　2 3 | 5 6　5 | 6 5　3 1 | 2 3　1 |

长 长　胳 膊　　伸 出　来，　　带 着　垃 圾　　跑 不　快。

区域游戏

区域名称	游戏名称	材料和指导要点
益智区	拼拼垃圾车	材料：不同类型垃圾车图案的拼图（见幼儿操作材料1《拼拼垃圾车》） 指导要点：学习先拼四角，再拼四边，最后拼中间的方法，将散乱的拼图组合成完整的图案
生活区	淘气的盖子	材料：收集若干大小合适、不同种类的塑料瓶子、喜糖罐子等，在罐子和盖子上粘贴各种环卫车辆的图片 指导要点：找出贴有相同车辆图片的罐子和盖子，把盖子盖上或拧上
语言区	各种各样的车	材料：与垃圾或环保有关的车辆图片若干（见幼儿阅读材料1《环卫车辆多》） 指导要点：说一说车辆的名称和用途。如压缩垃圾车、喷雾降尘车、护栏清洗车、洒水车等，说一说：在哪里见过这些车辆？它们是干什么的？这些车是怎样工作的
建筑区	我会搭小车	材料：清水积木 指导要点：尝试分别用圆柱、方形和三角形积木表现汽车的车轮、车身和车头等基本部分。熟练后增加一些车辆的结构，表现垃圾车的特点。在车身上增加其他形状的积木，表现垃圾车的外形特征

第二主题　垃圾分一分

主题背景

实行垃圾分类之后，我们在家里、幼儿园、社区、马路上都能看到分类垃圾桶，小班幼儿见到分类垃圾桶时，感到很好奇，他们能够说出这些垃圾桶的不同颜色，可是这些不同颜色的垃圾桶究竟代表什么意思呢？垃圾桶上的标志表示什么意思呢？这些和幼儿的生活有着怎样的关联呢？

在上一个主题中，我们感受到了垃圾车的有趣和有用，除了垃圾车，还有许多其他类型的环卫车辆。通过了解这些，我们可以进入下一个主题，引导幼儿发现垃圾可以分为不同的种类，通过系列活动引导幼儿对垃圾形成一定的科学认识，并意识到垃圾与自己的关系，了解垃圾与资源的关系，最终树立环境保护的意识，养成良好的生活习惯。

主题目标

1. 知道在日常生活中会产生各种垃圾，垃圾要放进垃圾桶。
2. 了解垃圾的基本种类，在生活中愿意进行简单的垃圾分类。
3. 初步学习垃圾分类、树立保护环境的意识，养成良好的生活习惯。

主题实施路径表

集体活动	日常活动	环境创设	家园联系	区域游戏
5.收拾教室（社会） 6.垃圾要分类（语言） 7.找找垃圾桶（数学） 8.厨房的秘密（综合） 9.我们的垃圾回收站（综合） 10.小狗动起来啦（科学） 11.环境小卫士（亲子活动）	● 日常渗透 1.观察和发现生活中的哪些事情会产生垃圾。当垃圾产生时，引导幼儿及时清理垃圾，尝试使用小扫帚等清洁工具 2.在班级投放分类垃圾桶，并张贴标识，引导幼儿认识并在日常生活中正确投放垃圾 ● 餐前 1.观察午餐的菜品，说一说会产生哪些垃圾？这些垃圾应该放在哪个垃圾桶中？怎样可以减少垃圾的产生 2.师幼共同欣赏有关垃圾分类的相关绘本、图片、视频。 ● 户外活动和散步 1.找一找、看一看幼儿园公共环境中的分类垃圾桶在哪里？ 2.户外活动时，可以在幼儿园里捡垃圾，看一看、说一说捡到的是什么垃圾，并及时投入相应的垃圾桶内	1.展示垃圾分类的有关图片、宣传画等，增加幼儿的感性认识 2.活动室里张贴垃圾的分类图片，幼儿遇到不知道如何分类的垃圾时，可以通过看图片确定它的种类 3.在图书角提供有关垃圾分类的图书，供幼儿自主翻阅	1.引导幼儿参与收拾、打扫等力所能及的家务劳动，在操作中感知生活中的各种垃圾 2.和幼儿一起参与社区或社会组织的各种保护环境的公益活动 3.和幼儿一起进行垃圾分类，参与小区里的垃圾分类和回收兑换活动	● 益智区 清洁工具大聚会 垃圾分一分 ● 数学区 藏玩具 ● 科学区 巧用厨余垃圾 ● 美工区 看一看，涂一涂 炫彩纸盒 纸球盖印画 ● 生活区 小小值班员 我会扫地 ● 语言区 垃圾要分类 绘本阅读 ● 建筑区 搭一搭

5 收拾教室（社会）

活动目标

1. 感知环境中的脏、乱，并表示不喜欢这样的环境。
2. 知道垃圾要放进垃圾桶，不乱扔垃圾。
3. 愿意用简单的语言交流自己对垃圾、垃圾桶的感受。

活动准备

1. 经验准备：幼儿在生活中对垃圾有一定的认识。
2. 物质准备：布置好的场景；四色分类垃圾桶、普通垃圾桶。

活动过程

1. 感知环境中的脏、乱。
   - 教师组织幼儿来到脏乱的场景中。
     教师：教室里有什么？（地面、桌面有很多垃圾）你有什么感觉？
   - 教师：你喜欢这样的教室吗？我们可以做什么？
2. 幼儿尝试收拾教室。
   - 教师：我们一起来收拾一下吧。
     师幼一起把桌面上的餐巾纸、香蕉皮、喝过的酸奶杯、可乐罐、美工区剪坏的纸、地上的纸屑、自然角落下的植物叶子等收集在一起。
   - 教师：这一堆是什么？它们应该放哪里？
     幼儿找到班级垃圾桶，把垃圾放进垃圾桶里。
   - 小结：垃圾很脏，会污染环境，不能到处扔，要放进垃圾桶。平时我们在家和幼儿园的时候，看见垃圾就要及时放进垃圾桶，我们的家和教室才会干净整洁。
3. 出示四色分类垃圾桶，引发幼儿对垃圾分类的关注。
   - 教师：这些也是垃圾桶，跟我们班级的垃圾桶有什么不一样？（颜色不同，桶身上还有不同的图案）
   - 教师：桶上有哪些图案？猜一猜，这些垃圾桶有什么用？
   - 小结：现在，幼儿园里有很多这样不同颜色的垃圾桶，它们是在告诉大家，不一样的垃圾要放到不同颜色的桶里。

活动建议

★ 活动延伸：教师在幼儿散步等日常环节可以引导幼儿观察幼儿园里的垃圾桶，着重观察它们的颜色和桶上的标志。

6　垃圾要分类（语言）

活动目标

1. 欣赏儿歌，了解垃圾的主要种类。
2. 知道垃圾需要分类投放，对垃圾分类感兴趣，并有实践的意愿。

活动准备

1. 经验准备：幼儿对生活中的各种垃圾有初步的认识。
2. 物质准备：

（1）儿歌图标一套；四色分类垃圾桶。

（2）幼儿阅读材料1《垃圾要分类①》，人手一册。

活动过程

1. 出示四色分类垃圾桶，回忆已有经验，引出话题。

◆ 教师：小朋友们知道我们周围有四种颜色的垃圾桶，不同的垃圾要放在不同的垃圾桶里。垃圾有哪些种类呢？哪些垃圾放进绿色（蓝色、红色、灰色）垃圾桶里呢？

◆ 幼儿自由发表意见。

2. 欣赏儿歌，熟悉不同颜色垃圾桶匹配的不同垃圾。

◆ 教师朗诵儿歌1遍，幼儿初步感知儿歌内容。

教师：刚才的儿歌里，你听到了什么？提到了哪些垃圾，儿歌里是怎样说的？

◆ 教师再次朗诵儿歌，幼儿根据不同颜色，熟悉垃圾的分类。

出示儿歌图标，教师再次朗诵儿歌1—2遍。

教师：什么垃圾放进蓝桶？（可回收物）什么垃圾放红桶？（有害垃圾）什么垃圾放绿桶（剩饭剩菜，又叫厨余垃圾），其他垃圾放进什么颜色的桶里？（灰色）

◆ 教师再次朗诵儿歌。朗诵时可以让幼儿填颜色到儿歌中。

3. 教师小结。

◆ 教师：我们平时生活中的垃圾要像儿歌里说的这样分类投放，大家都来爱护环境。

活动建议

★ 活动延伸：游戏"垃圾分一分"。（幼儿每人拿一样垃圾物品，一起来到幼儿园的分类垃圾桶处，依次投放垃圾，扔的时候念出儿歌中相应的部分）

★ 儿歌欣赏：垃圾多，危害大，垃圾分类靠大家。厨余垃圾汁水多，有害垃圾不混杂。有些垃圾是宝贝，回收起来用处大。

【附儿歌】

垃圾要分类

小朋友，来来来，垃圾分类靠大家。

可回收物放蓝桶，有害垃圾丢红桶，

剩菜剩饭进绿桶，其他垃圾在灰桶。
垃圾分类不太难，干净美丽你我他。

7 找找垃圾桶（数学）

活动目标

1. 分清物品之间的位置关系：上、下、里、外、前、后。
2. 巩固对不同颜色的垃圾桶的认识。
3. 体验玩捉迷藏游戏的乐趣。

活动准备

1. 经验准备：幼儿玩过游戏"捉迷藏"。
2. 物质准备：

（1）四只垃圾桶：贴有有害垃圾、可回收物、厨余垃圾、其他垃圾的标志。

（2）供幼儿涂色的四个不同种类的垃圾桶；可回收物若干；师幼共同收集的各个区域的垃圾若干。

活动过程

1. 设置情境，引发幼儿兴趣。

◆ 教师：我们收集了好多垃圾放进垃圾桶里。可是垃圾桶娃娃躲起来了。找一找，它们躲在了哪里？

◆ 幼儿自由讲述。鼓励幼儿用完整的语言讲述："××垃圾桶躲在了××后面（前面、里面、外面、旁边等）。"

2. 分组活动。

幼儿分为两组，根据教师的指令先把自己涂色的垃圾桶藏起来，然后再去寻找另外一组藏好的垃圾桶，并进行交流。

◆ 第一轮游戏：藏起来。

教师发出指令：把绿色垃圾桶藏在小椅子上面，把红色垃圾桶藏在桌子下面……藏好后，请小朋友说一说"你的垃圾桶藏在了什么地方"。

◆ 第二轮游戏：找一找。

教师发出指令：找一个厨余垃圾桶（其他垃圾桶、有害垃圾桶……），再请小朋友说一说"你在哪里找到的垃圾桶"。

3. 扔垃圾：将自己收集的垃圾分拣到不同的垃圾桶内。

活动建议

★ 活动延伸：游戏"捉迷藏"。到户外场地玩"捉迷藏"游戏，引导幼儿说一说在哪里找到了谁，并正确地使用方位词进行描述。

8 厨房的秘密（综合）

活动目标

1. 知道和食物密切相关的、产生于厨房的垃圾是厨余垃圾。
2. 会单独投放厨余垃圾，不和其他物品混合。
3. 愿意将厨余垃圾分类摆放。

活动准备

1. 经验准备：幼儿在家观察过家长择菜、做饭。
2. 物质准备：
（1）香蕉每人一根、纸杯蛋糕每人一只（可协调成当天的下午点心）。
（2）餐盘每人一个、纸巾若干。
（3）厨余垃圾图片若干、实物若干；厨余垃圾利用的相关图片或视频；垃圾桶两只，其他垃圾和厨余垃圾标志各一个。
（4）幼儿阅读材料1《厨余垃圾》，人手一册。

活动过程

1. 出示厨余垃圾，引发幼儿的兴趣。

◆ 教师：妈妈从厨房收拾了很多的垃圾，让宝宝帮忙扔垃圾。这些都是什么呀？（黄菜叶、水果皮等）

2. 初步认识不同的厨余垃圾。

◆ 观察厨余垃圾，引导幼儿大胆讲述和猜测。
教师出示厨余垃圾实物并提问：这些垃圾是从哪里来的？这些垃圾是我们做什么事情的时候产生的？

◆ 认识厨余垃圾。
教师：爸爸妈妈在厨房里做饭的时候，或者是我们平时吃东西的时候，会有像果皮、菜叶子、果核、鱼骨等不要的东西，这些东西叫作厨余垃圾。
- ◆ 拓展对厨余垃圾的认识。
- ◆ 教师出示厨余垃圾图片并提问：这些是厨余垃圾吗，为什么？

  教师：你还知道哪些东西也是厨余垃圾？
3. 认识厨余垃圾的标志。
- ◆ 教师出示厨余垃圾标志并提问：标志里有什么？猜一猜，这是什么垃圾的标志呢？
4. 实践活动：我会分垃圾。
- ◆ 分发香蕉、蛋糕，幼儿吃点心。

  在生活区放置两只垃圾桶，分别贴有其他垃圾和厨余垃圾的标志。
- ◆ 吃完点心后，处理垃圾。
- ◆ 教师：今天小朋友们吃完点心要自己送盘子、水杯，还要把所有的垃圾扔掉，扔垃圾的时候看一看生活区的两只垃圾桶有什么不一样，把你的垃圾扔进相应的垃圾桶里。
- ◆ 幼儿扔垃圾，教师在垃圾桶的旁边进行指导。

活动建议

★ 活动延伸：播放关于厨余垃圾利用的视频资料，了解厨余垃圾的用途。厨余垃圾容易腐败变臭，所以不能和其他的垃圾混合丢弃，但是经过专门的处理，有时候能变成有用的肥料。

9 我们的垃圾回收站（综合）

活动目标

1. 知道有的垃圾可以回收处理，变成新的物品。有废物利用的意识。
2. 对回收垃圾、给垃圾分类感兴趣。初步掌握垃圾分类的方法。

活动准备

1. 经验准备：幼儿对垃圾分类有初步的了解；班级区域游戏材料中有废物利用的案例。
2. 物质准备：

（1）玻璃瓶从回收到再生的图片一套；垃圾回收利用的图片或视频资料。

（2）每个幼儿从家里带来报纸、易拉罐、纸盒、玻璃瓶等废旧物品（装在大篮子里）。

（3）幼儿阅读材料1《可回收物》、幼儿操作材料1《垃圾也是宝》，人手一册。

活动过程

1. 借助实物引出话题。

- 教师：小朋友们，你们知道什么是垃圾吗？哪些东西是垃圾呢？（不要的东西、没有用的东西）那所有的垃圾都真的没有用了吗？
- 出示教师利用废旧材料制作的玩具。
  教师：这是我们区域游戏中的玩具，大家看一看，它是用什么东西做的呢？
- 小结：原来有些看上去没有用的物品，经过我们的处理，还能变成有用的东西。

2. 引出可回收垃圾的话题。

- 观察"玻璃瓶从回收到再生"的图片：废旧玻璃瓶可以变成什么？还可以变成什么？
- 观看相关视频资料：废纸可以变成什么？还可以变成什么？旧的易拉罐能变成什么？
- 小结：垃圾并不是没有用处，很多垃圾可以回收再利用。有工人叔叔专门把废旧物品收回去，重新制成新的物品。

3. 征集大行动。

- 教师：在我们班级的区域中，还有哪些游戏材料也是废旧物品制作的？
- 教师：原来废物利用可以让我们玩这么多有趣的游戏。小朋友们可以把家里的废旧物品拿到幼儿园来分类放好。有的我们可以自己清洗晾晒，装饰一下做成游戏玩具，有的可以集中起来卖给收废品的人。这些都是变废为宝的好办法。

活动建议

★ 区域活动：翻阅幼儿阅读材料1《可回收物》，了解其他可回收物的种类。在区域活动中完成幼儿操作材料1《垃圾也是宝》。

★ 活动延伸：可以结合之前的活动，把班级回收处取名为"净净王国"，和幼儿共同商量，确定班级收集废旧物品的地方，进一步激发小班幼儿收集整理废旧物品的积极性。

10 小狗动起来啦（科学）

活动目标

1. 了解生活中需要用电池的物品，感知电池与人类生活的关系。
2. 知道旧电池不能随意丢弃，需要放进旧电池回收箱。
3. 愿意探究电动玩具小狗不能动的原因，尝试用短句交流。

活动准备

1. 经验准备：日常生活中观察过成人给遥控器等电器换电池。
2. 物质准备：
（1）电动玩具小狗若干（有的安装了电池，有的没有安装电池，电池盒打开）。
（2）关于"乱扔旧电池的危害"的视频。

活动过程

1. 出示电动玩具小狗，幼儿自由游戏。
- 教师：你的小狗动起来了吗？为什么小狗没有动？（没有电池）
- 教师给小狗安装电池。幼儿再次游戏。
  教师：这一次你的小狗动起来了吗？
2. 了解生活中哪些物品需要用到电池。
- 教师：电池可以让小狗动起来。电池还可以让哪些东西动起来？（电动汽车、爸爸的剃须刀、手电筒等）。
- 出示生活中需要安装电池的物品，丰富幼儿经验。
3. 出示两只安装了电池的小狗，一只可以动一只不能动。
- 教师：两只小狗都有电池，为什么这只不能动？（电池没有电了，需要换电池）
- 教师给小狗换电池，小狗又可以动起来了。
4. 讨论：旧电池扔哪里？
- 教师：换下来的电池怎么办？扔到哪里？
- 出示照片：旧电池回收箱。
  教师：为什么旧电池需要用专门的回收箱来装？
- 观看视频，了解电池的危害。
- 小结：旧电池属于有害垃圾，需要专门回收处理。如果随意丢弃，会给我们的生活环境造成很大的危害。

5. 实践活动：扔旧电池。

◆ 幼儿将换下来的旧电池送到幼儿园的旧电池回收箱内。

活动建议

★ 区域活动：在区域活动中提供幼儿阅读材料1《有害垃圾》，或在班级里布置垃圾分类的相关图片，鼓励幼儿继续研究生活中的有害垃圾除了旧电池，还有哪些？

★ 活动延伸：提供其他电动玩具，供幼儿操作。

11 环境小卫士（亲子活动）

活动目标

1. 感受垃圾和环境的关系，知道环境整洁需要我们每一个人维护。
2. 会把垃圾放进垃圾袋，走路途中不丢不撒垃圾。
3. 体验和家人参与"虎凤蝶行动"的乐趣。

活动准备

1. 经验准备：

（1）去过紫金山风景区，听说过"虎凤蝶行动"。

（2）已经翻阅幼儿阅读材料1《其他垃圾》，初步了解并认识生活中的其他垃圾。

（3）家长已经了解垃圾分类的相关知识。

2. 物质准备：

（1）每家红、蓝、绿、灰色垃圾袋各1个；"环保小卫士"贴纸若干，绿丝带若干。

（2）事先规划好爬山路线、集合地点等，做好活动准备。

活动过程

1. 行前谈话，布置任务。

◆ 教师：这是哪里？你来过吗？这里的环境怎么样？干净整洁吗？

◆ 教师：紫金山是我们南京一座有名的山，也是很著名的风景区，有许多专门的工作人员维护山林的卫生，也有很多志愿者，爱护环境，一起去山上捡垃圾，这种活动叫作"虎凤蝶行动"。

- 教师：今天请小朋友和爸爸妈妈一起爬紫金山。我们带着不同颜色的垃圾袋，爬山的时候捡一捡你看到的垃圾，也开展一次"虎凤蝶行动"。
- 教师：爬山的时候注意安全，跟着家人一起，捡到垃圾时问一问爸爸、妈妈，这是什么垃圾？可以装进什么颜色的垃圾袋？做到走路途中不丢不撒垃圾。
- 交代集合的时间、地点。

2. 小小"虎凤蝶行动"。
- 为幼儿系上绿丝带。
- 以家庭为单位，开始"虎凤蝶行动"。
- 家长带着幼儿一边爬山一边捡垃圾，1—1.5个小时后在指定地点集合。

3. 集合与交流。
- 按照约定的时间、地点集合，为陆续集合的幼儿贴上"环保小卫士"贴纸。
- 相互观察垃圾袋的情况。

   教师：大家都捡了多少垃圾呀？
- 教师小结：如果每个人都不随意扔垃圾，又有我们这样的环保小卫士来捡垃圾，紫金山的环境会非常整洁。今天在各位环保小卫士的帮助下，紫金山变得整洁美丽，我们和爸爸妈妈一起经历了一次特别的爬山活动。希望大家都做爱护环境的人。

活动建议

★ 家园共育：建议幼儿和家长多次参加"虎凤蝶行动"，和更多的人，去更大的范围活动，激发幼儿对自然环境的热爱。

区域游戏

区域名称	游戏名称	材料和指导要点
益智区	清洁工具大聚会	材料：幼儿操作材料1《清洁工具大聚会》 指导要点：在诸多图片中圈出所有的清洁工具
	垃圾分一分	材料：幼儿操作材料1《垃圾分一分》；四个废旧盒子 指导要点：把操作材料上四种垃圾类型的标志贴在盒子上，沿边框剪下垃圾图片，放入相应的盒子里。不会分类时，可参考图片背面的提示
数学区	藏玩具	材料：手偶玩具、小型橱柜、盒子 指导要点：幼儿与同伴结伴游戏，一人将玩具藏在橱柜或者盒子的各个地方，另一个人找，找到后说一说在什么地方找到的

续 表

科学区	巧用厨余垃圾	材料：厨余的蛋壳、牛奶盒；圆柱形小积木、塑料盘子 指导要点：将蛋壳放在盘子里面，用小积木捣碎，然后平铺在花卉土壤表面。将水倒进牛奶盒中，稀释剩余的牛奶后浇灌自然角种植的植物
美工区	看一看，涂一涂	材料：幼儿操作材料1《看一看，涂一涂》 指导要点：根据扔进垃圾桶的垃圾种类，判断垃圾桶的颜色，然后给垃圾桶涂上正确的颜色
	炫彩纸盒	材料：大小不一的纸盒等废旧材料；水粉颜料、排刷、滚轮等 指导要点：用排刷蘸颜料大胆涂鸦
	纸球盖印画	材料：旧报纸、水粉颜料、大幅轮廓底图 指导要点：把报纸团成纸团，蘸颜料，在大幅轮廓底图里盖印画
生活区	小小值班员	材料：分类垃圾桶、点心、纸巾 指导要点：点心环节邀请值班员在分类垃圾桶的位置监督，检查垃圾投放是否正确
	我会扫地	材料：小簸箕、小扫把、大托盘、敞口圆形罐子（直径小于簸箕宽度）；蚕豆若干 指导要点：能一手抓握簸箕，一手抓握扫把，手眼协调地将托盘里的蚕豆扫进簸箕里，并倒进敞口圆形罐子里
语言区	垃圾要分类	材料：有关垃圾回收绘本若干 指导要点：幼儿和教师、同伴共同阅读绘本，或边听故事录音边翻阅绘本，用简单的语句讲述每页的内容
	绘本阅读	材料：《垃圾要分类》儿歌图片；幼儿阅读材料1《垃圾要分类①》 指导要点：幼儿根据图标朗诵儿歌，巩固对垃圾种类、垃圾桶颜色的认识
建筑区	搭一搭	材料：在"炫彩纸盒"活动中制作的辅助材料 指导要点： • 层次一，在积木作品中加入自制的辅助材料进行搭建 • 层次二，全部利用废旧物、自制材料搭建全新的作品

第三主题　垃圾用处大

主题背景

　　各种各样的纸盒、奇形怪状的瓶罐、零零散散的废纸……这些收集来的垃圾到底有什么用呢？在小班幼儿的眼中这些可都是"宝贝"：可以是娃娃家的"菜"，也可以是马路上的"车"，还可以是建筑区的"积木"……其实这些也是可回收再利用的垃圾，小班幼儿在不知不觉中已经成为垃圾回收利用的参与者。对于小班幼儿来说，不太能理解复杂深奥的垃圾回收处理知识，而动手操作的各种"变废为宝"活动是他们喜闻乐见的。

　　在这个主题中，我们将和幼儿一起利用在生活中收集到的各种各样的废旧材料、可回收物，动手动脑将它们变成有趣的玩具、好看的图画、益智的材料、锻炼身体的器械……让幼儿在玩中体会垃圾回收利用的益处，体验动手动脑改造物品的乐趣，从而培养其节约资源、保护环境的意识。

主题目标

1. 初步了解垃圾回收后经过处理还可以变成有用的东西，不同的垃圾有不同的处理方法。
2. 感受可回收物在日常生活中的多种用途，体验动手动脑改造物品的乐趣与成就感。
3. 知道在日常生活中要节约资源、保护环境，争当环保小卫士。

主题实施路径表

集体活动	日常活动	环境创设	家园联系	区域游戏
12. 垃圾变变变（综合） 13. 厨余垃圾变什么（语言） 14. 厨余垃圾变什么（音乐） 15. 美丽的撕贴画（美术） 16. 蚂蚁搬豆豆（体育） 17. 盖子碰碰乐（科学） 18. 纸盒小车（美术） 19. 欢乐报纸球（体育）	● 日常渗透 1. 引导幼儿发现身边可回收物和废物利用的各种事例，积极参与力所能及的垃圾回收处理的相关活动 2. 鼓励幼儿在一日生活中注意节约资源，保护环境，争当环保小卫士 ● 餐前 1. 欣赏各种利用废旧材料和可回收物创作的手工作品和艺术作品 2. 继续欣赏有关垃圾回收利用的绘本、图片、视频 ● 户外活动和散步 1. 在户外提供旧轮胎、奶粉罐、塑料瓶、纸盒等物品，鼓励幼儿一物多玩。观察其他班级幼儿利用废旧材料 2. 到平行班级参观交流，欣赏各种自制作品	1. 在班级中提供或张贴关于垃圾回收利用的各类图书或者图片、画报等，幼儿可以自主阅读、交流分享 2. 布置"汽车馆"，展览幼儿制作的各种小汽车，供幼儿相互欣赏、分享、交流	1. 继续在生活中收集各种可回收物，并进行分类 2. 利用塑料瓶、纸盒、盖子、卷纸筒等废旧物品，和幼儿一起制作各种各样的小汽车 3. 在日常生活中关注物品的再利用，帮助幼儿养成节约资源的良好习惯	● 益智区 珠珠迷宫 盒子大聚会 ● 数学区 比多少 比高矮 ● 科学区 找盖子 对对碰 ● 美工区 娃娃穿花衣 漂亮的购物袋 ● 生活区 绕啊绕 叠衣服 ● 语言区 复习儿歌《厨余垃圾变什么》 ● 建筑区 我是小小建筑师

12 垃圾变变变（综合）

活动目标

1. 初步了解垃圾可以再加工成各种有用的东西，不同的垃圾有不同的处理方法。
2. 知道垃圾回收处理利用后，可以保护环境、节约宝贵的资源。

活动准备

1. 经验准备：已有垃圾分类回收的相关经验，了解垃圾的不同种类。
2. 物质准备：幼儿阅读材料1《垃圾变变变》，人手一册。

活动过程

1. 回忆已有经验，引发新话题。

◆ 教师：每天在我们身边都会有很多的垃圾产生，大家已经学会了要将垃圾按照不同的种类送进不同的垃圾桶，也知道了每天环卫工人都会将这些垃圾运走，那么这些被运走的垃圾被送去了哪里呢？

- ◆ 幼儿根据已有经验说一说垃圾被送去了哪里。

  教师：这些垃圾会被送到垃圾处理厂，不同的垃圾有不同的处理方法。垃圾经过处理后会变成不一样的东西，你知道它们会变成什么吗？

2. 结合图片，进一步了解不同垃圾经过处理会变成新的物品。

- ◆ 观察图片或幼儿阅读材料，了解不同种类的垃圾会变成不同的新物品。

  旧衣服可以变成蔬菜大棚的保温材料；旧报纸和杂志可以变成各式各样的包装；各种塑料瓶可以变成塑料水桶或者塑料座椅；厨余垃圾可以变成有机肥料；其他垃圾经过焚烧可以产生电能。

- ◆ 欣赏儿歌。

  > 垃圾回收用处大，变废为宝了不起。
  > 纸盒纸箱挑出来，再次使用不浪费。
  > 厨余垃圾堆一起，变成肥料润土地。
  > 其他垃圾也有用，大火一烧变电力。
  > 小朋友们爱环保，垃圾分类要牢记！

3. 师幼共同小结。

- ◆ 小结：扔进垃圾桶的垃圾，被送去不同的地方，用不同的方法让它们都变了模样，有的变成有用的东西，又回到我们的身边，供我们使用。

活动建议

★ 活动延伸：在图书区提供更多有关垃圾处理再利用的图书、画报等资源，进一步丰富幼儿的相关经验。

13 厨余垃圾变什么（语言）

活动目标

1. 理解并初步记忆儿歌，知道厨余垃圾回收后的变化与用途。
2. 能口齿较清楚地朗诵儿歌，正确发音"chu"。

活动准备

1. 经验准备：幼儿已经认识并初步了解厨余垃圾。
2. 物质准备：

（1）教师自制和儿歌内容有关的图标，如厨余垃圾、肥料、植物、动物、电灯等。

（2）介绍堆肥和沼气的小视频。

活动过程

1. 谈话，引起幼儿学习儿歌的兴趣。

◆ 教师：你们知道什么是厨余垃圾吗？哪些垃圾是厨余垃圾呢？（出示厨余垃圾的图标或者实物）我们扔掉的厨余垃圾去了哪里，会变成什么呢？

◆ 教师：今天我们就一起来听一首儿歌，儿歌的名字就叫作《厨余垃圾变什么》。

2. 欣赏儿歌，了解儿歌的主要内容。

◆ 教师完整朗诵儿歌第一遍。

◆ 教师：厨余垃圾变成了什么，谁最喜欢和需要？

教师根据幼儿的回答出示相应的图标，并按照儿歌中的顺序排列，如有幼儿没有说到的图标，则留出空白的位置。

◆ 教师朗诵儿歌第二遍。

◆ 教师：儿歌中还说到了什么？

引导幼儿根据儿歌内容将图标补充完整。

3. 再次完整欣赏儿歌，理解儿歌中的内容。

◆ 教师朗诵儿歌第三遍。

◆ 提问并讨论：堆肥是什么？沼气是什么？（观看小视频，了解相关知识）

◆ 教师：原来厨余垃圾可以变成这么多有用的东西，我们一定不能乱扔厨余垃圾。

4. 学念儿歌。

◆ 师幼共同看图标念儿歌，注意发音"chu"。

◆ 幼儿完整念儿歌2—3遍。

活动建议

★ 活动延伸：在班级设置厨余垃圾专用的垃圾桶，并在垃圾桶上张贴厨余垃圾的图片，引导幼儿在午餐后将垃圾进行分类。

【附儿歌】

厨余垃圾变什么

厨余垃圾变什么，用来堆肥变肥料，植物植物最喜欢。
厨余垃圾变什么，机器转转变饲料，动物动物最喜欢。
厨余垃圾变什么，产生沼气变电力，电力我们都需要。

14 厨余垃圾变什么（音乐）

活动目标

1. 熟悉歌曲旋律，初步学习用自然欢快的声音演唱歌曲。
2. 乐意参与歌唱活动，能进一步了解厨余垃圾回收后的变化。

活动准备

1. 经验准备：幼儿已经学会朗诵儿歌《厨余垃圾变什么》。
2. 物质准备：歌曲伴奏及儿歌图标。

活动过程

1. 练声"小铃铛"。
- 和教师一起演唱练声曲，鼓励幼儿用轻松自然的声音演唱，并唱准变化的音阶。

2. 欣赏歌曲旋律，尝试在乐曲的伴奏下朗诵歌词。
- 复习儿歌《厨余垃圾变什么》，引导幼儿有节奏地朗诵歌词。
- 欣赏歌曲旋律，感受歌曲活泼轻松的情绪。
- 跟随伴奏念儿歌，尝试将歌词与旋律进行匹配。

3. 学习歌曲《厨余垃圾变什么》。
- 教师示范演唱歌曲两遍，幼儿可轻声跟唱。
- 幼儿学唱歌曲3—4遍，引导幼儿唱准旋律与节奏。
- 师幼共同用多种形式练习演唱歌曲，如小组演唱、男女生分别演唱、问答演唱。

活动建议

★ 教学变式：歌曲的旋律也可以选择幼儿平时比较喜欢或者比较熟悉的歌曲进行改编。在演唱的过程中，可以使用语言活动中的图标帮助幼儿回忆歌词。

【附歌曲】

厨余垃圾变什么

1 = C 2/4

| 5· 6 | 5 4 | 3 4 | 5 — | 2 3 | 4 — | 3 4 | 5 — |

厨 余 垃 圾 变 什 么， 变 什 么， 变 什 么。
厨 余 垃 圾 变 什 么， 变 什 么， 变 什 么。
厨 余 垃 圾 变 什 么， 变 什 么， 变 什 么。

| 5· 6 | 5 4 | 3 4 | 5 — | 2 2 | 5 5 | 3 3 | 1 — ‖

用 来 堆 肥 变 肥 料， 植 物 植 物 最 喜 欢。
机 器 转 转 变 饲 料， 动 物 动 物 最 喜 欢。
产 生 沼 气 变 电 力， 电 力 我 们 都 需 要。

15 美丽的撕贴画（美术）

活动目标

1. 能大胆地撕纸，并尝试用撕过的纸片进行组合、粘贴。
2. 喜欢撕纸活动，知道纸张的边角料也可以变成美丽的画。

活动准备

1. 经验准备：幼儿有撕纸的经验，会用胶棒。
2. 物质准备：

（1）日常收集的各种纸张边角料；深色卡纸底板若干；胶棒。
（2）幼儿阅读材料1《美丽的撕贴画》，人手一册。

活动过程

1. 出示纸张边角料,引发幼儿兴趣。
◆ 教师:我们的美工区有很多这样的废纸,都是小朋友做手工、画画剩下来的,扔掉实在是太浪费啦,怎么办呢?它们还有什么用处呢?

2. 欣赏撕纸作品,感受纸片组合的造型美。
◆ 教师出示幼儿阅读材料中的撕贴画作品:你们看,这幅画是用什么做成的?你看到了哪些颜色和形状的纸片啊?这些纸片贴在底板上像什么?这幅画就是用这些废纸撕成不同形状,然后再贴在底板上制作出来的。你们想不想也来试一试呢?

3. 幼儿操作,尝试将纸张边角料撕成自己喜欢的形状并进行拼摆、粘贴。
◆ 幼儿将各种纸张边角料撕成小纸片,放在小组桌上的筐子里。
◆ 出示底板,鼓励幼儿用小纸片进行粘贴造型。
◆ 教师巡回指导,重点引导幼儿先将纸片在底板上摆出自己喜欢的样子,再用胶棒粘贴固定。

4. 展示欣赏作品。
◆ 幼儿相互欣赏同伴的作品,说一说自己最喜欢哪一幅,为什么。
◆ 集中展示幼儿的作品,并引导幼儿说一说看到这么多作品放在一起,有什么感受。
◆ 小结:这些本来没有用处的纸,经过我们能干的小手,变成这么美丽的画。以后我们都把这些废纸收集起来,看看还能用它们做什么。

活动建议

★ 活动延伸:可以用幼儿的作品装饰教室环境,也可以将幼儿的作品组合成一幅大型的作品装饰墙面或用软玻璃压在地面作为装饰。

16 蚂蚁搬豆豆(体育)

活动目标

1. 能尝试用身体的不同部位夹球走,保持身体的协调和平衡。
2. 能不怕困难,坚持完成任务。

活动准备

1. 经验准备：幼儿已经会唱歌曲《蚂蚁搬豆》。
2. 物质准备：
（1）报纸球若干（多于幼儿人数）；大筐3个；平衡板2块；饮料瓶若干；蚂蚁头饰或者胸饰。
（2）歌曲《蚂蚁搬豆》伴奏音乐，优美舒缓的音乐。
（3）场地示意图（见附）。

活动过程

1. 开始部分。
- 幼儿扮演小蚂蚁围成一个大圆，一起边念儿歌边做动作：一只蚂蚁在洞口（提踵点头2次），看见一粒豆（手搭凉棚左右看），怎么搬也搬不动（弯腰手指触地），急得直摇头（左右侧腰各1次），小小蚂蚁想一想（食指指太阳穴，屈膝2次），想出好办法（原地双脚并跳2次），回洞喊来好朋友（两只手臂举过头顶，手部前后摇晃2次），抬着一起走（两手握拳放在右肩上，左右两脚分别踏步1次）。

2. 基本部分。
（1）幼儿探索用身体不同部位夹报纸球走路的方法。
- 教师：这里有好多豆豆（报纸球），想请小蚂蚁们帮忙搬回家。可是不能用小手拿，要把豆豆藏在身上，还不能掉下来，看看谁能想到好办法。
- 幼儿自主尝试把报纸球夹在身体的各个部位，如脖子下面、胳膊下面、腿下面等。

（2）师幼共同分享、交流不同的方法。
- 教师：你把豆豆夹在了身体的什么地方？你发现了什么？（请幼儿分别示范自己的方法，并说一说需要注意什么）
- 幼儿再次尝试用不同的方法夹球走。

（3）游戏"蚂蚁搬豆豆"，尝试夹球走障碍。
- 教师：小蚂蚁搬豆豆回家的时候遇到了一些困难，需要走过"小桥（平衡板）"、绕过"树林（饮料瓶）"，最终把豆豆送回家（大筐），而且途中不能让豆豆掉下来。
- 幼儿自由选择路线进行游戏，游戏进行1—2遍。

3. 结束部分。
- 教师小结：你们真是能干的小蚂蚁，豆豆运得又快又好。
- 放松活动：跟随优美舒缓的音乐自由舞蹈。

活动建议

★ 活动延伸:将活动内容融入晨间锻炼中,报纸球可以更换为布球、废纸球等,组成障碍的材料也可以根据实际情况进行替换。

【附场地示意图】

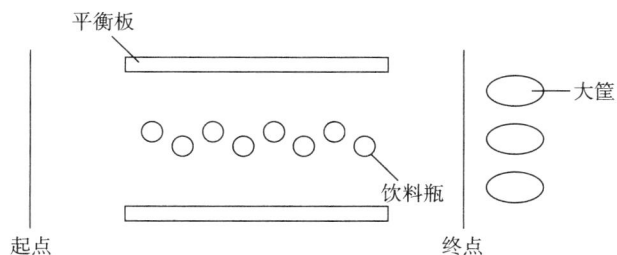

17 盖子碰碰乐(科学)

活动目标

1. 能根据容器的大小、颜色、形状等特征为其匹配合适的盖子,积极探索拧开和盖紧盖子的方法。
2. 知道清洗干净的废旧瓶子、罐子、盒子可以重复使用,节约资源。

活动准备

1. 经验准备:幼儿会用拧、按等动词简单描述自己的动作。
2. 物质准备:师幼共同收集各种开关方法不同(旋拧、按压、嵌套等)的带盖子的容器(瓶子、罐子、盒子),并清洗干净、晾晒。

活动过程

1. 提出问题,引发幼儿兴趣。

◆ 出示几个没有盖盖子的容器以及一些不同的盖子。

教师:我想送好朋友一份礼物,要把礼物装进这些漂亮的瓶子、罐子、盒子里,可是我不小心把它们的盖子弄乱了,你们能帮我一起找盖子吗?

2. 给容器匹配盖子,探索盖子的开关方法。

◆ 将容器和盖子分别放在筐子里面,每张桌子上放一筐容器和一筐盖子。

◆ 幼儿自选一个容器,并选择相匹配的盖子,尝试将盖子盖上。

- ◆ 教师巡回指导，重点引导幼儿观察并发现容器开口处的特征（大小、颜色、形状等），并有针对性地选择与之相匹配的盖子。
- ◆ 鼓励幼儿尝试运用旋拧、按压、嵌套等不同的方式给容器盖上盖子。

3. 集体交流操作过程和发现。

- ◆ 教师：你拿到的是什么容器？你是怎么找到它的盖子的？

  幼儿自由介绍匹配盖子的方法，教师重点引导幼儿根据容器的特征（大小、颜色、形状等）寻找相应的盖子进行小结。

- ◆ 教师：找到盖子以后你是怎么把盖子盖上去的？

  请个别幼儿介绍并演示自己的操作，教师重点引导幼儿运用正确的动词进行讲述，如拧、按、压、套等。

4. 幼儿交换小组，再次为不同的容器匹配盖子。

- ◆ 教师巡回指导，重点引导有困难的幼儿仔细观察容器特征后再匹配盖子。

  鼓励幼儿一边给容器盖上盖子，一边说一说自己的动作。

活动建议

★ 活动延伸：将材料投放到科学区，并持续收集更多的废旧瓶罐、盒子供幼儿操作、探索。在幼儿的操作中，不限制他们自由摆弄，鼓励他们用多种方式探索、操作。

18 纸盒小车（美术）

活动目标

1. 能尝试用纸盒、瓶盖等废旧材料制作小车。
2. 喜欢美术活动，体验用废旧材料进行创作的乐趣。

活动准备

1. 经验准备：
（1）幼儿已经积累了关于车辆外形特征的相关经验。
（2）会使用透明胶和双面胶。
2. 物质准备：
（1）自制纸盒小车 2 辆；师幼共同收集各种小型纸盒（食品盒、牙膏盒、肥皂盒等），各种圆形物品（瓶盖、圆形纸片等）。

（2）双面胶、透明胶、剪刀、水彩笔等材料和工具。
（3）幼儿阅读材料1《纸盒小车》，人手一册。

活动过程

1. 欣赏纸盒小车，引发幼儿的制作兴趣。
◆ 出示纸盒小车，引导幼儿欣赏。
   教师：小车开来了，这辆小车是什么样子的？
◆ 引导幼儿观察纸盒小车的结构和各部分的材料特点。
   教师：小车是用什么做的？车身是用什么做的？车轮是用什么做的？
2. 探索制作纸盒小车。
◆ 讲解介绍制作材料，重点引导幼儿发现小车各部分是如何粘贴在一起的。
   教师：车轮是怎么安装到车身上的呢？（双面胶）
   教师：怎样让各部分牢牢地粘在一起呢？（用力将两个部分压在一起，数完"1、2、3"再松开）
◆ 幼儿制作纸盒小车，教师巡回指导。
   重点指导能力弱的幼儿进行各部分的粘贴，鼓励能力强的幼儿进行门、窗的添画或者剪贴。
3. 作品展示与欣赏。
◆ 幼儿相互欣赏自制的纸盒小车，并说一说自己最喜欢哪一辆车，为什么。

活动建议

★ 教学变式：根据班级的实际情况，可以将此活动变成亲子活动。邀请家长入园，或鼓励家长在家中和孩子一起进行制作。

19 欢乐报纸球（体育）

活动目标

1. 练习挥臂投球，能将球投过一定高度的网。
2. 体验利用废物进行游戏的乐趣。

活动准备

1. 经验准备：幼儿有纸球游戏的经验，会滚纸球、踢纸球等。

2. 物质准备：

（1）离地1米高的网一个。

（2）老虎头、狮子头等图片；自制的报纸球，人手一个。

（3）音乐播放器，欢快的音乐一段。

活动过程

1. 开始部分。

◆ 听音乐做小动物模仿动作。

小鸟（飞）：双手在身体两侧从下往上，再从上往下，双脚小碎步。

小狗（走）：双手在耳朵上方做小狗耳朵状，双脚迈大步往前走。

大象（腹背）：手臂平举后，弯腰做抱球状。

小乌龟（爬）：手膝着地，在草地上爬行。

青蛙（跳）：双脚同时离地纵跳，双手同时上举。

2. 基本部分。

（1）幼儿每人一个报纸球，在背景音乐中自由玩球。

◆ 教师：小动物们跟着妈妈在草地上一起玩玩球吧。（可以用身体的各个部位玩球）音乐响起，开始玩球；音乐停止，幼儿拿报纸球站回原位。（提醒幼儿在运动中避免相互碰撞）

◆ 幼儿游戏两次。

（2）出示绳网，网上贴有老虎头图片。

◆ 教师：森林里来了一只大老虎，我们用手上的球把老虎赶走吧。

◆ 幼儿站在网的一边进行投球练习。没有投过网的球，幼儿可以捡回再次投球。

（3）幼儿自由玩球。

◆ 网上替换狮子头图片，幼儿手持报纸球投向大狮子。

3. 结束部分。

◆ 幼儿用球轻拍自己的身体，再用球为同伴轻轻拍打身体，结束活动。

活动建议

★ 领域渗透：本活动可以结合艺术领域中的美术活动，在报纸球上粘贴彩色即时贴，让幼儿在投球时体验流动的色彩，感受艺术的美。

区域游戏

区域名称	游戏名称	材料和指导要点
益智区	珠珠迷宫	材料：塑料或金属盒盖；直径 2 cm 以上的塑料球或玻璃弹珠；吸管若干 指导要点： 1. 用吸管在盒盖上贴出小球滚动轨道，并标记起点和终点 2. 幼儿双手扶住盒盖两边，控制弹珠滚动方向，按照路线图滚动弹珠至终点
	盒子大聚会	材料：废旧大纸盒；不同大小、高矮的小盒子 指导要点：将不同大小、高矮的小盒子整齐地放入大纸盒中，并能盖上盖子
数学区	比多少	材料：骰子、30 个小实物（果壳、瓶盖、纽扣等） 指导要点：两位幼儿每人拿 15 个小实物，分别掷骰子，掷到几就拿出和点数一样多的实物排成一排，两人的实物一一对应地摆好。比较两组实物的数量，多的一方把少的一方全部"吃进"，如果两人一样多，各自把自己的实物拿回重新开始
	比高矮	材料：各种高矮不同的废旧瓶子；排序板（从高到低、从低到高） 指导要点：将高矮不同的废旧瓶子，按照排序板上的顺序进行排序。排好顺序后，幼儿之间可以相互检查
科学区	找盖子	材料：各种大小、形状、开启方式不同的废旧瓶子、罐子、盒子等；废旧纸张边角料 指导要点：将纸张边角料搓成小纸团，放进各种容器里。为容器找到合适的盖子，并盖上盖子
	对对碰	材料：各种不同垃圾的图标；不同垃圾经过处理后产生的新物品的图标 指导要点：幼儿两两合作，一个人出示垃圾的图标，另一个人找到对应的经过处理后产生的新物品的图标，看看谁找得又快又正确。两人可相互交换图标进行游戏
美工区	娃娃穿花衣	材料：幼儿操作材料1《娃娃穿花衣》；废旧广告纸、彩纸边角料、胶棒 指导要点：将广告纸、彩纸边角料随意撕成长条或者小块，粘贴在娃娃的衣服底图上做装饰
	漂亮的购物袋	材料：各种大小的纸质废旧购物袋；水粉颜料、水粉笔 指导要点：在购物袋上用水粉颜料进行随性的涂鸦，晾晒干后投放到角色区，供幼儿游戏时自由取用

续 表

区域名称	游戏名称	材料和指导要点
生活区	绕啊绕	材料：自制小动物（用卷纸筒作身体）、各种废旧毛线、缎带等 指导要点：学习绕毛线，能将毛线或者缎带松紧合适地、均匀地绕在卷纸筒上，锻炼小肌肉群，发展动手能力
	叠衣服	材料：幼儿的旧上衣、裤子等衣物；叠衣服步骤图 指导要点：边念儿歌边将衣服折叠整齐 关关门、关关门，（把衣服双襟对齐） 抱抱臂、抱抱臂，（两只袖子分别向胸前叠加） 弯弯腰、弯弯腰，（衣服下摆向上折叠，与衣领对齐） 我的衣服叠好了。（将折叠好的衣服放进柜子）
语言区	复习儿歌《厨余垃圾变什么》	材料：儿歌的图标若干 指导要点：幼儿和教师、同伴共同观察儿歌图标，用简单的语句讲述图标的内容，复习儿歌
建筑区	我是小小建筑师	材料：各种形状的积木；各种废旧材料和可回收物，如易拉罐、奶粉罐、纸盒、塑料瓶等 指导要点：鼓励幼儿尝试使用废旧材料和可回收物辅助建构，如用易拉罐或奶粉罐搭建柱子等

垃圾分类
LAJI FENLEI

中班

第一主题 垃圾，从哪里来

主题背景

随着年龄的增长，幼儿的视野逐渐拓宽。他们渴望认知和了解周围的一切，会积极主动地搜寻身边新鲜而奇怪的事物。中班幼儿已经了解了一些关于垃圾的知识，比如，垃圾要扔进垃圾桶等。社会生活中，垃圾分类的相关信息逐渐走近幼儿，也引发了幼儿的思考："垃圾是什么？""垃圾从哪里来？""哪些地方会有垃圾？"

在这个主题中，幼儿将从家里开始，和父母一起调查、关注身边的垃圾，萌发保护环境的意识。

主题目标

1. 知道家里、教室里和马路上，每天都会产生不同的垃圾，萌发初步的保护环境的意识。
2. 感知家人、清洁工劳动的辛苦，愿意保护他们的劳动成果，养成不乱扔垃圾的习惯。
3. 能大胆、连贯地表达自己对周围环境的了解和认识。

主题实施路径表

集体活动	日常活动	环境创设	家园联系	区域游戏
● 线索一：我们身边有垃圾 1. 小海龟生病了（语言） 2. 我家的垃圾（社会） 3. 教室里的垃圾（社会） 4. 我是清洁工（体育） 5. 垃圾的悄悄话（社会） ● 线索二：有垃圾，怎么办？ 6. 小河马波比（语言） 7. 谢谢清洁天使（社会） 8. 怕浪费婆婆（语言） 9. 请少用塑料袋（社会） 10. 拍一拍（音乐）	● 日常渗透 收集家中废旧物品并清洗干净，带到幼儿园放到区域中（娃娃家、超市、百宝箱等） ● 餐前 1. 师幼分享阅读《小猪佩奇·快乐环保》环保小卫士系列动漫《欧力牛和迪瑞羊》 2. 节奏游戏 ● 户外活动和散步 1. 在园舍中寻找可以扔垃圾的地方 2. 在幼儿园寻找利用废旧材料或可回收物制作的物品，说一说都用到了哪些可回收物 3. "我是家务小帮手"每日播报（在家如何帮助大人清理垃圾、清理了什么垃圾等）	1. 用幼儿在家中帮助父母清理垃圾的照片布置海报墙 2. 用美工区利用废旧材料制作的作品布置"垃圾变魔术"展示区 3. 在阅读区和父母一起用绘画配合简单介绍的形式推荐一本关于"垃圾"的绘本	1. 收集各种关于环保、垃圾分类的绘本 2. 在家中尝试和幼儿一起进行垃圾分类，制作标记粘贴在塑料桶上 3. 家长带幼儿外出时在小区或者马路上有意识地看一看垃圾桶的特点和上面的标志	● 美工区 装饰鞋盒 五彩布袋 ● 益智区 剪一剪，拼一拼 找不同 ● 科学区 水中开花 ● 阅读区 绘本阅读 ● 数学区 捆皮筋 ● 建构区 我爱我的幼儿园 ● 生活区 我是家务小帮手

线索一：我们身边有垃圾

1 小海龟生病了（语言）

活动目标

1. 理解故事内容，知道乱扔垃圾会对周围环境产生巨大危害。
2. 能结合生活经验，较清楚地表达自己的想法，理解词语"包围"的含义。
3. 不乱扔垃圾，萌发保护我们身边环境的意识。

活动准备

1. 经验准备：幼儿有去海边的经历。

2. 物质准备：

（1）海边的图片。

（2）幼儿阅读材料1《小海龟生病了》，人手一册。

活动过程

1. 出示海边的图片，引发幼儿听故事的兴趣。

- 教师：这是哪里？你去过海边吗？你在海边看到了什么呢？
- 教师：宝宝和贝贝住在美丽的海边，这天早上他们在海边捡贝壳时发生了一件让他们着急的事情，我们一起来听一听吧！

2. 听故事，理解故事内容。

- 听故事前半段（从开头到把小海龟送进了动物医院）。
- 教师：宝宝和贝贝在沙滩上捡到了什么？小海龟怎么了？它的肚子为什么会鼓鼓的呢？可能发生了什么事情？
- 听故事后半段。
- 教师：可怜的小海龟为什么会肚子疼？医生从它的肚子里取出了什么东西？

   教师：小海龟的家发生了什么变化？什么叫"包围"？你们喜欢小海龟现在的家吗？

3. 迁移自己的经验，说说自己的想法。

- 教师：小海龟的家为什么会变成这样？
- 教师：我们周围的环境是什么样的？是否也有这样乱扔垃圾的现象？这会对我们的生活造成什么危害？

4. 边听故事边翻看配套幼儿阅读材料。

- 教师：一边听一边看，想一想，你有什么好办法帮助小海龟呢？

活动建议

★ 教学变式：活动开始时可以欣赏一些海边的图片（干净的海边和堆满垃圾的海边做对比），请幼儿大胆想象堆满垃圾的海滩会发生什么事情，引出故事。

★ 活动延伸：引导幼儿继续讨论帮助小海龟的好办法，并尝试画下来，将大家的好办法汇总在一起，编写不同的故事结尾。

【附故事】

小海龟生病了

星期天的早晨，宝宝和贝贝相约去海边捡贝壳。

沙滩上,宝宝和贝贝一边走一边捡。"我捡到了一个易拉罐。""我捡到了塑料袋。"两人继续向前走。突然,贝贝兴奋地大喊:"宝宝,快来,我发现了好大的贝壳。"他们一起扒开沙子一看:"哎呀,不是贝壳,原来是只小海龟啊!"小海龟闭着眼睛,一动也不动。

"小海龟你怎么了?"宝宝碰了碰小海龟。

"我肚子好疼啊!"小海龟一边说一边捂着肚子,脑门上都出汗了。宝宝和贝贝帮小海龟翻了个身,这才发现小海龟的肚子好鼓啊。

贝贝说:"小海龟是不是吃坏了肚子呀?我们赶紧把它送到医院去吧!"

他们把小海龟送进了动物医院。医生轻轻压了压小海龟的肚子,小海龟立刻疼得大叫起来。医生说:"小海龟肚子里硬邦邦的,需要赶紧动手术!"

小海龟被推进了手术室。医生从小海龟的肚子里取出了许多东西:塑料袋、绳子、瓶塞……"这下舒服多了!"小海龟轻松地说。

"小海龟,你肚子里怎么会有这么多垃圾?难怪会肚子疼呢。"宝宝问。小海龟难过地说:"我的家被垃圾包围了,我只能吃这些垃圾了!你们能帮帮我吗?"

于是,宝宝和贝贝找来了很多的大人和小朋友,大家一起来到海边,齐心协力把垃圾打捞上来。小海龟高高兴兴地回到了自己的家。

2 我家的垃圾(社会)

活动目标

1. 知道自己家中每天都会产生很多垃圾。
2. 能大胆地在小组中介绍自己家中垃圾产生的地方和具体的垃圾名称。
3. 体会家人做家务的辛苦,萌发做力所能及的事情的劳动意识。

活动准备

1. 经验准备:在家里和幼儿园看过成人收拾垃圾。
2. 物质准备:
(1)教师事先请家长拍摄一段在家中收拾整理的视频(整理家中的垃圾:来自卧室的用过的纸巾,来自书房的废纸,来自洗手间的厕纸和地面上的头发,来自厨房的瓜果皮、蔬菜叶子等)。
(2)已完成的调查表(见幼儿操作材料1《我家的垃圾》)。
(3)勾线笔、汇总表格。

活动过程

1. 观看视频，引起幼儿的兴趣。
- 教师：这里有一段视频，请你们看一看，视频里是谁？她在做什么？
- 教师：视频中奶奶做了哪些事情？
2. 幼儿分小组介绍自己的调查结果，感知家人每天在家劳动的辛苦。
- 教师：你们家里哪些地方有垃圾？都是什么垃圾呢？
- 幼儿分组介绍自己调查的结果，教师协助，将每个小组汇报的内容进行总结和梳理。
3. 交流分享：我家××（地方）有××垃圾。
- 师幼共同向大家介绍讨论的结果，用图标记录在汇总表格中。
  教师：经过大家的调查发现，我们的家里每一天都会产生很多垃圾。
  教师：你的家里谁在做这些事情？什么时候做这些事情？
- 小结：我们的家里每天都会产生很多垃圾，爸爸妈妈或者爷爷奶奶会清理家里每一个角落，让大家生活得更加舒适，他们很辛苦。
4. 讨论：我能做……
- 教师：爸爸妈妈白天要上班，爷爷奶奶也要买菜、烧饭。小朋友在家的时候也可以做一些力所能及的事情。看一看，哪些事情是我们能做的？哪些垃圾是我们能收拾的？
- 师幼小结。

活动建议

★ 家园共育：家长可以有意识地预留一些家务给幼儿完成，鼓励幼儿在家做力所能及的事情，并及时跟教师反馈幼儿在家的表现。

3 教室里的垃圾（社会）

活动目标

1. 知道教室里每天会产生各种各样的垃圾，能用绘画、贴贴纸的方式记录教室里的垃圾。
2. 知道不乱扔垃圾，垃圾放进垃圾桶可以保持干净整洁的环境。

活动准备

1. 经验准备：有过调查、记录"家里的垃圾"的经验。
2. 物质准备：
（1）幼儿操作材料1《教室里的垃圾》，人手一册。
（2）勾线笔、汇总表格、文件夹板。

活动过程

1. 回忆在家调查垃圾的经验，谈话引出活动内容。
- 教师：前几天大家调查了自己家里哪些地方产生了垃圾，有哪些垃圾，谁来跟我们分享一下？
- 教师：我们的教室里会产生垃圾吗？你在哪里见过这些垃圾？（幼儿自由交流）
2. 介绍幼儿操作材料。
- 教师：图片上是教室的什么区域？这里可能会产生哪些垃圾？
- 教师：大家一起来调查一下，我们的教室里哪些地方会产生哪些垃圾呢？操作材料上有教室里一些区域的图片，如果你选择了这个区域，可以把这里可能产生的垃圾贴纸撕下来，贴在相应的位置上。如果没有贴纸，你也可以画在图片上。
3. 幼儿自由选择不同区域进行调查、记录。
- 幼儿带上勾线笔、文件夹板、幼儿操作材料自由去调查。教师提醒幼儿可以根据自己在这个区域活动的经验，或是该区域的材料等判断"可能会产生的垃圾"，最后再选择贴纸或绘画记录。
- 提醒幼儿在调查的过程中可以选择1—2个地方进行调查。
4. 汇总幼儿调查的结果。
- 幼儿展示、介绍调查内容，教师记录在汇总表格中。
- 教师：原来教室里很多地方每天都会产生不同的垃圾，我们一起来看看！
  教师：平时，怎样做才能保持干净整洁的环境呢？（不乱扔垃圾，垃圾扔进垃圾桶）

活动建议

★ 教学变式：可以一个人去调查，也可以结伴去调查。
★ 区域活动：区域活动中可以继续去幼儿园里调查当天没有调查到的地方。

4 我是清洁工（体育）

活动目标

1. 锻炼幼儿手臂的力量，提高上下肢动作的灵活性、协调性。
2. 感受清洁工人劳动的辛苦，养成良好的卫生习惯。

活动准备

1. 经验准备：幼儿有玩过接力赛的经验。
2. 物质准备：

（1）可乐罐、小木棒（数量均与幼儿人数相同）；长条形木板8块，纸箱及拱形门各3个。

（2）音乐。

（3）示意图（见附）。

活动过程

1. 开始部分。

◆ 幼儿手持小木棒，随音乐的节奏步入操场站成圆形（见图一），听音乐复习小棒操（教师自编）。

2. 练习部分。

（1）游戏：扫地。

◆ 玩法：幼儿用小木棒作扫帚，以周围的可乐罐为垃圾，"清扫垃圾"。

◆ 教师讲解扫地的动作：单手持小木棒，手眼协调地将可乐罐向某一个方向推进。（见图四）

◆ 幼儿分散练习。

（2）游戏：向规定的方向"清扫垃圾"。

◆ 教师击铃指示方向，要求幼儿边看教师的指向边"清扫垃圾"。

（3）游戏：扫小路。

◆ 玩法：幼儿"扫地"通过两木板组成的小道（见图二）。

◆ 幼儿站成一路纵队，每人一个可乐罐，按照一个方向练习"扫地"。（2分钟）个别幼儿尝试"扫小路"，分解动作难点。

◆ 幼儿再次练习。

（4）游戏"小小清洁工"。

◆ 玩法：幼儿分为3组站好。第一名幼儿将身体钻入纸箱内（纸箱底一面向外翻折,接触地面,其余三面朝里翻折并固定粘贴),双手拎住纸箱上沿,推着地上的垃圾(可乐罐)向前走,用伸出去的那一条边推垃圾(见图五)。将垃圾推入垃圾桶(拱形门)后,再推空纸箱回到起点交给下一名幼儿(见图三)。

3. 结束部分。

◆ 教师:小小清洁工们辛苦了,今天大家一起用不同的方法清扫了地上的"垃圾",现在你的身体有什么感觉?大家平时要做到不随便乱丢纸屑、果壳,关心马路上的清洁工们,做一个爱清洁、爱劳动的中班小朋友。

◆ 听音乐,幼儿互相捏一捏胳膊,做放松运动。

活动建议

★ 活动延伸:在日常活动中引导幼儿相互提醒收拾教室里的垃圾,让大家有一个干净整洁的环境。

【附示意图】

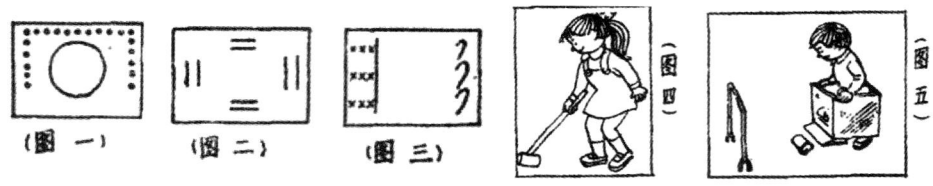

5 垃圾的悄悄话(社会)

活动目标

1. 感知垃圾增多给人们日常生活带来的不良影响。
2. 能理解"垃圾对话"的内容,丰富词汇"你推我挤""吵吵闹闹"。
3. 养成不乱扔垃圾的好习惯。

活动准备

1. 经验准备:对自己周围垃圾的来源有所了解。
2. 物质准备:

(1) 幼儿阅读材料1《垃圾的悄悄话》,人手一册。
(2) 垃圾污染环境的图片。
(3) 创设环境"垃圾角"(旧报纸、酸奶杯、胶袋、纸盒、布碎等)。

活动过程

1. 出示装满垃圾的垃圾桶图片，引发幼儿对活动的兴趣。
   - 教师：这是一个垃圾桶，垃圾桶里有很多的杂物废品。你们看，里面都有哪些垃圾呢？

   教师：它们脸上还有表情呢！看一看，猜一猜，它们可能在说什么？发生了什么事情？

2. 幼儿听故事，并猜测故事的结尾。

（1）教师完整讲述故事《垃圾的悄悄话》。
   - 教师：刚才什么垃圾在说话？它们说了什么？

（2）教师第二次讲述故事。
   - 教师：旧报纸为什么说自己还很有用呢？废旧物品还有用吗？旧报纸还有什么用处？
   - 教师：垃圾桶里除了旧报纸有用，还有哪些东西可能也有用呢？
   - 教师："你推我挤"是什么意思？谁能用动作表示？"吵吵闹闹"呢？

   讨论：如果垃圾越来越多，我们周围会有什么变化？

3. 出示图片（垃圾堆积，苍蝇乱飞，人们捂鼻走过），感知垃圾对人们生活的影响。
   - 教师：图片上的地方你们去过吗？飞着的小虫子是什么？你喜欢这样的场景吗？看着这样的图片，你有什么感觉？
   - 教师：人们每天的生活都可能产生垃圾，越来越多的垃圾堆在一起，会污染空气，影响我们正常的生活。

4. 交流讨论：如何处理垃圾？
   - 教师：你知道有什么好办法能处理这么多垃圾？

活动建议

★ 活动延伸：分享幼儿收集的关于垃圾分类的绘本，如《你好，垃圾分类——环保科普百科》，了解垃圾分类对人类的好处。

【附故事】

垃圾的悄悄话

哎呀呀，哎呀呀，小区垃圾桶里的垃圾越来越多，挤得喘不过气了。发生了什么事情呢？原来人们把不用的、不想留下来的东西都扔到了垃圾桶里。

垃圾你推我挤，吵吵闹闹。

旧报纸委屈地说:"我的身体被菜汁弄湿,发霉了,还有一股难闻的气味呢,难受极了。其实,我还很有用的。"

牛奶盒说:"实在太挤了,我的身体变形了。"

塑料包装袋、纸箱、洗手液空瓶也在轻轻地叹气:"唉,人们扔的垃圾越来越多,再这样下去地球不知道会变成什么样,真担心!"

线索二:有垃圾,怎么办?

6 小河马波比(语言)

活动目标

1. 理解故事内容,知道清洁工的工作很重要。
2. 能用较连贯的语句讲述故事中的情节,学习词语"诚心诚意"。
3. 尊重马路清洁工,珍惜他们的劳动成果。

活动准备

1. 经验准备:在生活中看过清洁工工作的场景。
2. 物质准备:幼儿阅读材料1《小河马波比》,人手一册。

活动过程

1. 回忆已有经验,引发听故事的兴趣。
   - ◆ 教师:你们在马路上看见过清洁工人吗?他们在做什么事情呢?
   - ◆ 教师:我给大家介绍一位朋友——小河马波比,他也是一位清洁工人,可是今天他的心情糟透了,发生了什么事情呢?我们一起来听听吧!
2. 初步欣赏故事,感知故事内容。
   - ◆ 教师第一遍讲述故事,引导幼儿初步理解故事内容。
     教师:故事里有谁?故事里说了一件什么事情?
   - ◆ 幼儿用较连贯的语言说一说自己对故事的理解和认识。
   - ◆ 教师第二遍讲述故事。
     教师:小河马最后回到城市里了吗?诚心诚意是什么意思?
3. 幼儿边翻阅幼儿阅读材料边听故事,理解小河马的心理变化过程。

- ◆ 教师第三遍讲述故事。
- ◆ 教师可在讲述过程中，鼓励幼儿观察讨论：城市里每天都很干净的原因？小河马波比遇到了哪几个小动物？他们说了什么让小河马波比很伤心？小河马波比离开后小动物们有什么感受？
4. 翻阅幼儿阅读材料，鼓励幼儿跟着教师连贯地讲述故事。
- ◆ 教师：我们一起来说一说这个故事吧。你能模仿出每个小动物说话的声音吗？
- ◆ 重点复述故事中的对话。

活动建议

- ★ 教学变式：活动开始可以出示一只可爱的小河马毛绒玩具和幼儿打招呼，引起幼儿的兴趣，引出故事。
- ★ 区域活动：语言区准备故事中出现的小动物头饰，进行情景剧表演。
- ★ 家园共育：在马路上不乱扔垃圾；遇见清洁工人时家长可提醒幼儿有礼貌地打招呼。

【附故事】

小河马波比

小河马波比是城市里的清洁工，他一大早就出来，扫干净大街，运走垃圾，把广场打扫得干干净净。

天亮了，小河马波比推着清洁车往家里走。他遇见了灰兔太太。灰兔太太挎着篮子去买菜。小河马波比有礼貌地走过去打招呼："灰兔太太，你早！"灰兔太太皱起眉头，看着小河马波比，不耐烦地说："你身上太脏了，离远点，离远点！"小河马波比听了，心里挺不是滋味儿。小河马波比走到"猩猩饭店"门口，开饭店的猩猩先生走出来，大声嚷嚷着："好臭好臭，离远点，离远点！"小河马波比又伤心又生气，他在心里说："就数你这饭店垃圾多，我运了好几车才运完。我把饭店门口打扫干净，还洒了水呢！"小河马波比路过广场，山羊老师正带着小鹿、小猴在跳舞。小鹿捂着鼻子说："你身上好脏呀，离远点，离远点！"

小河马波比伤心透了，离开了这座城市，回到了大森林里。没有了清洁工，城市里越来越脏，大街、广场没人扫，垃圾没人运，又臭又脏，到处都是苍蝇。大家都很后悔，我们怎么能对清洁工那么没礼貌呢？是清洁工让我们的城市变得干净整洁呀！灰兔太太、山羊老师、小鹿代表大家去了森林，他们带着鲜花去道歉，诚心诚意地请小河马波比回来。

小河马波比又回到城市里，和大家一起把城市打扫干净。在清洁美丽的广场上，大家一起跳起了舞，小河马波比的踢踏舞跳得最好，大家都为他鼓掌。

7 谢谢清洁天使（社会）

活动目标

1. 了解马路清洁工的工作内容，知道他们很辛苦。
2. 爱护清洁工人的劳动成果，养成不乱扔垃圾的好习惯。

活动准备

1. 经验准备：看过清洁工工作的场景，知道他们很辛苦。
2. 物质准备：
（1）事先联系好清洁工阿姨，商量好谈论的话题。
（2）清洁工工作的相关图片或视频。

活动过程

1. 回忆故事，引出活动内容。
- 教师：你们还记得清洁工小河马波比吗？他是马路清洁工，每天把马路上打扫得干干净净。今天我们班来了一位和小河马波比同样工作的阿姨。
2. 介绍邀请的清洁工人，了解清洁工的工作内容。
- 教师简单介绍阿姨的姓名、工作地点。（最好是为幼儿园周边服务的清洁工）
3. 了解清洁工阿姨一天的工作内容。
（1）清洁工人介绍自己的工作时间和内容。
（2）出示图片或者播放视频，了解清洁工的主要工作。
- 图片1：天亮前，清洁工开始工作。
  教师：天还很黑，街上没什么人，小朋友都窝在被子里睡觉的时候，她就穿上工作服，认认真真地开始了一天的工作。清洁工人先清扫主要的马路。所以，当小朋友去幼儿园的时候会发现马路是干干净净的！
- 图片2：白天，幼儿见到的清洁工身影。
  教师：天亮了，大街上有了行人和汽车，清洁工阿姨又在做什么呢？（幼儿回答）
  教师：清洁工阿姨依旧很辛苦、很专心地在扫地。开车的司机师傅要小心，千万不能撞到她哦。

- 图片 3：清洁工推着垃圾车，清倒垃圾。

  教师：这位阿姨扫完垃圾之后，做了什么呢？她非常吃力地推着垃圾车，去倒掉从马路上扫来的垃圾。

- 图片 4：工作累了、热了，清洁工擦擦汗。

  教师：图片里的阿姨在擦汗，当时的天气怎么样？（幼儿回答，提到天气热或者夏天皆可）天热的时候小朋友都在做些什么事情呢？

- 师幼小结。

4. 社会实践"我是清洁小天使"。

- 教师：今天想体验一下清洁工阿姨的工作吗？我们在幼儿园里试一试吧。
- 幼儿分组劳动。教师拍摄幼儿劳动的照片。
- 欣赏劳动照片。
- 师幼小结：今天，小朋友们做了一回幼儿园的清洁工，你们有什么感觉？清洁工叔叔阿姨每天需要清扫的地面要比幼儿园大很多，他们还要清理很多乱扔的垃圾，非常辛苦。希望小朋友们能珍惜叔叔阿姨的劳动，不乱扔垃圾。最后，我们一起把掌声送给我们的客人。

活动建议

★ 活动延伸：完成记录单《谢谢清洁天使》（见幼儿操作材料 1）；鼓励幼儿在园外看见清洁工时，也能有礼貌地对待他们，并尊重他们的工作。

8　怕浪费婆婆（语言）

活动目标

1. 理解故事内容，感受故事中"变废为宝"的有趣内容。
2. 了解浪费的含义，初步养成节约的好习惯。

活动准备

1. 经验准备：幼儿在生活中对浪费行为、节约行为有初步的了解。
2. 物质准备：

（1）幼儿操作材料1《怕浪费婆婆》，人手一册。

（2）将绘本《怕浪费婆婆》制作成 PPT。

活动过程

1. 出示"怕浪费婆婆"的图片（绘本封面），引发幼儿兴趣。

◆ 教师：这是谁啊？（一位老婆婆）你从哪里看出她是一位老婆婆的呢？（戴眼镜、有皱纹、拄拐杖）

◆ 教师：这位老婆婆叫"怕浪费婆婆"，那你们知道什么是浪费吗？（不爱惜东西，把好东西弄坏等）"怕浪费婆婆"最不喜欢的就是浪费东西了，今天我们就一起来听一听她的故事。

2. 欣赏故事，初步了解故事中的人物和主要情节。

◆ 教师完整地讲述一遍故事。

◆ 教师：故事里面有谁？小男孩做了什么事情？"怕浪费婆婆"最喜欢说什么？

3. 分段欣赏故事，进一步理解故事情节。

◆ 出示 PPT 第 1—3 页：小男孩在做什么？"怕浪费婆婆"说了什么？她在做什么？"怕浪费婆婆"为什么要舔小男孩的脸呢？

◆ 出示 PPT 第 4—6 页：小男孩在做什么？"怕浪费婆婆"说了什么？小男孩为什么会哭啊？

◆ 出示 PPT 第 7、8 页："怕浪费婆婆"看到这么多纸被丢掉，她说了什么？她做了什么？他们把废纸做成了什么？

◆ 出示 PPT 第 9、10 页：小男孩在做什么？"怕浪费婆婆"从地上捡起了什么？她会用这些铅笔头做什么呢？

◆ 出示 PPT 第 11、12 页：小男孩在做什么？橘子皮可以用来做什么呢？"怕浪费婆婆"用橘子皮做了什么？

◆ 出示 PPT 第 13—15 页：天黑了，小男孩做了什么？"怕浪费婆婆"说了什么？做了什么？

4. 观看 PPT，完整欣赏故事。

◆ 师幼边看 PPT，边一起讲述故事，重点学一学"怕浪费婆婆"说的话。

◆ 小结："怕浪费婆婆"最不喜欢浪费的行为，所以会把一些没有用的东西变得有用又有趣。我们在生活中也要向"怕浪费婆婆"学习，不浪费东西。

活动建议

★ **教学变式**：在活动开始的第一环节，出示有关浪费现象的图片，可以让幼儿猜测"怕浪费婆婆"看到会怎么做。

★ **活动延伸**：绘本可以放在阅读区供幼儿独立阅读。在区域中完成幼儿操作材料 1《怕浪费婆婆》。

9 请少用塑料袋(社会)

活动目标

1. 了解塑料袋在生活中的使用情况,知道塑料袋给环境造成的污染。
2. 知道少用塑料袋是一种环保行为,萌发初步的环保意识。

活动准备

1. 经验准备:生活中有使用过塑料袋的经历。
2. 物质准备:
(1)幼儿操作材料1《请少用塑料袋》,人手一册。
(2)幼儿和家长一起拍摄日常使用塑料袋的照片、视频。
(3)《塑料袋的旅程》PPT。

活动过程

1. 出示日常使用塑料袋的照片、视频,了解塑料袋的使用情况。
- 教师:这是我们小朋友带来的照片,大家看一看照片里的东西是用什么装的呢?(塑料袋)塑料袋里的东西拿出来以后,塑料袋到哪里去了?你们平时怎么处理使用过的塑料袋?
- 观看幼儿在家里使用塑料袋情况的视频。
- 教师:我们一起来看看,视频中一共丢弃了几个塑料袋?
  教师:如果我们每个人都这样丢弃塑料袋,那么,整个幼儿园丢弃的塑料袋该有多少呀!
- 教师:大人们用塑料袋吗?你看见爸爸妈妈或爷爷奶奶用过塑料袋后是怎么处理的?(幼儿回忆家长生活中使用塑料袋的情况)
- 师幼小结:塑料袋在我们的生活中很常见,给我们带来了方便。但是,目前我们生活中浪费的塑料袋很多。
2. 观看《塑料袋的旅程》PPT,了解塑料袋给人类生活、环境带来的影响。
- 教师:你们知道丢弃的塑料袋最后到哪里去了吗?图片里的塑料袋进行了一场旅行,最后它们是怎么从我们眼前消失的?
- 幼儿看《塑料袋的旅程》PPT。
- 教师:有的塑料袋被烧了,有的被埋在土里,还有的被小动物吃掉了。当塑料袋被烧、被埋、被小动物吃掉以后,会发生什么事情?我们应该怎么做?
- 师幼小结:塑料袋虽然很方便,但是它给人类带来了巨大的影响。在我们的生活中，我们要尽量少用或不用塑料袋。
3. 讨论并记录少用塑料袋的方法，促进环保行为的落实。
- ◆ 教师：老师也很苦恼自己使用了那么多塑料袋，大家可不可以一起想想办法，不让那么多塑料袋被丢掉？
- ◆ 幼儿自由发表意见，教师用图标记录幼儿的发言。
- ◆ 师幼小结：在班级或家里设置一个塑料袋的专用回收桶，用过的、没有被污染的塑料袋可直接丢入其中再次利用，被污染的可以洗后晾干再丢入，以便再次使用；出门买东西的时候自备环保袋（布袋、纸袋等）。

活动建议

★ 家园共育：将幼儿操作材料1《请少用塑料袋》记录表带回家，鼓励家长跟幼儿一起少用塑料袋。一周后将表格带到幼儿园，看看谁是厉害的环保小卫士！

10　拍一拍（音乐）

活动目标

1. 感受乐曲的活泼欢快，尝试根据图谱提示进行拍手节奏游戏。
2. 体会与同伴合作游戏的快乐。

活动准备

1. 经验准备：有看图谱玩音乐游戏或打击乐的经验。
2. 物质准备：
（1）4个花瓶，假花（可以用其他物品替代）。
（2）音乐《布谷鸟》，图谱一、二（见附）。

活动过程

1. 欣赏音乐，感受音乐活泼欢快的节奏。
- ◆ 教师：欢快的乐曲总能让人心情愉悦，伸出你们的双手，让我们跟着音乐动起来吧。（熟悉音乐，做拍手律动）
- ◆ 教师：刚才的这段音乐你们喜欢吗？除了拍手还能拍哪里呢？（拍肩膀、拍腿）
- ◆ 再次熟悉音乐做律动。

2. 看图谱，玩节奏游戏。

（1）认识图谱，做与第一段音乐匹配的动作。

◆ 教师：这张图谱你能看懂吗？（图谱一，幼儿根据自己的观察自由回答）

◆ 小结：当你看到空花瓶时就不用拍手，花瓶里有花时就拍一下手。我们一起来试一试吧。

◆ 听音乐玩游戏（乐曲第一段）。

（2）认识图谱，做与第二段音乐匹配的动作。

◆ 教师：这张图谱你能看懂吗？（图谱二，幼儿根据自己的观察自由回答）

◆ 小结：当你看到空花瓶时就拍一下手，花瓶里有花时就拍一下桌子，我们一起来试一试吧。

◆ 听音乐玩游戏（乐曲第二段）。

3. 完整欣赏音乐，玩节奏游戏。

◆ 教师：这次我们增加难度喽，把两段音乐连起来试试看。（间奏部分先双手边左右抖动边画圈，再双手举起不超过眼睛高度，手心向前，随身体左右摇摆各一次）

4. 听音乐做律动。

◆ 教师和幼儿全体起立，站在教室中间。

教师：小朋友们，让我们听着音乐一起动起来吧。

活动建议

★ 教学变式：第二段音乐增加两支花，提高游戏难度。

★ 家园共育：可以将这个游戏玩法教给家长，让家长在家中与幼儿玩亲子游戏，在欣赏音乐的同时享受游戏的快乐，增进亲子感情。

【附图谱】

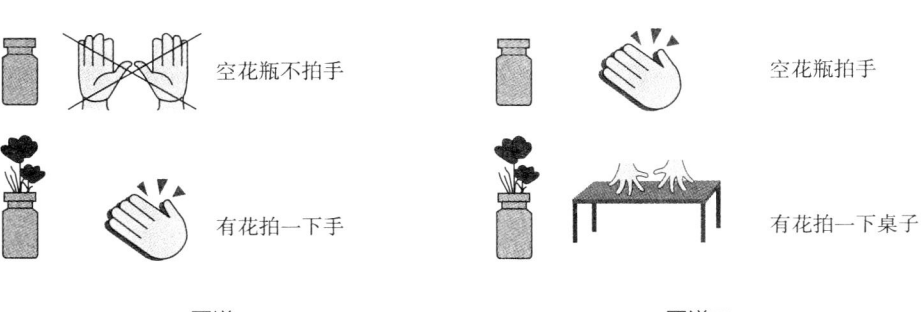

图谱一　　　　　　　　　　　图谱二

区域游戏

区域名称	游戏名称	材料和指导要点
美工区	装饰鞋盒	材料：鞋盒（盖、盒分开）；炫彩棒、水彩笔、各种贴纸、剪刀、胶棒、双面胶等 指导要点： 1. 幼儿可以运用线描画、色块画（冷色系、暖色系）等方式进行装饰，再选择喜欢的贴纸在鞋盒内四周和内底部进行补充装饰 2. 幼儿用太空泥做出各种造型的小动物，放在装饰好的鞋盒或盒盖里，形成立体的造型，可用于语言区的故事表演
	五彩布袋	材料：纯色的无纺布袋、报纸；丙烯颜料（颜色可根据季节选择）、护衣 指导要点：将报纸团成报纸球，轻轻蘸取自己喜欢的颜料按压在无纺布袋上，注意色彩的搭配和盖印时图案的位置
益智区	剪一剪，拼一拼	材料：幼儿操作材料1《剪一剪，拼一拼》 指导要点： 沿着外轮廓虚线将图片剪下来，再沿着虚线将图片剪成若干块
	找不同	材料：幼儿操作材料1《找不同》 指导要点：在两幅画面中找出5处不同的地方，并圈出来
科学区	水中开花	材料：水彩笔、废旧铅画纸；小脸盆、水 指导要点：在废旧铅画纸上画一朵5个花瓣的花，涂上颜色，沿着花的轮廓剪下，将花瓣向花心方向折叠，轻轻地放在水面上，看看会发生什么有趣的现象
阅读区	绘本阅读	材料：绘本、故事视频（巧虎） 指导要点：能根据自己对绘本的理解，画一画最喜欢的一页故事内容
数学区	捆皮筋	材料：数卡5—10；皮筋、小棒（可以是幼儿收集的冰棒棍）若干 指导要点：能正确感知10以内的数量。幼儿根据数卡上的数选择相应数量的小棒，用皮筋捆扎为一捆
建构区	我爱我的幼儿园	材料：各种形状的积木；易拉罐、奶粉罐、纸杯 指导要点： 1. 在活动区张贴幼儿园大楼、滑梯等大型建筑的图片 2. 运用垒高、围合、对称、架空等方法进行搭建 3. 利用废旧物品装饰作品
生活区	我是家务小帮手	材料：袜子整理盒（9格）、垃圾桶、抽屉式整理箱；袜子（9双）、废旧纸张、小衣服若干 指导要点：幼儿根据物品的特征进行收拾整理：袜子一双一双卷好放在整理盒里；废旧纸张扔进垃圾桶；衣服折好后放进抽屉式整理箱

第二主题　垃圾分类，我知道

主题背景

只要人人都献出一点力量，世界将拥有绿色的明天。随着上海率先实行垃圾分类，各个地方也开始紧跟其步伐。这不，社区、街道的垃圾站，一夜之间都换了新装。"为什么垃圾桶会有这么多颜色呢？""这些颜色都代表什么意思？""我爷爷说垃圾分类很麻烦的。""这么麻烦我们为什么要做这件事？"……幼儿对这样的新变化展开了讨论，提出了许多新问题。

本主题围绕着生活中突然出现的分类垃圾桶，从现实中的新发现和新问题出发，生发出各种各样的话题。好奇、好问是幼儿的天性，发现问题，尤其是生活中的真问题，是他们成长中添彩的一笔。我们支持幼儿发现真问题、研究真问题、解决真问题。在本主题中，我们将围绕着垃圾分类进行分析和梳理，通过游戏等方式巩固提升他们的经验，让幼儿在自然的实践中养成垃圾分类的习惯和保护环境的意识。

主题目标

1. 初步了解垃圾分类，知道生活中的垃圾要分类，并针对怎么分类提出自己的想法。
2. 能积极表达自己所了解的垃圾分类，有进行垃圾分类的愿望，有保护环境的意识。
3. 能大胆、清晰地提出问题，用基本完整的语言说出自己对故事的理解，声音响亮。

主题实施路径表

集体活动	日常活动	环境创设	家园联系	区域游戏
● 线索一：我身边的变化 11."垃圾分类"我想问（综合） 12.垃圾要分类（语言） 13.各种各样的垃圾桶（社会） 14.我心中的垃圾桶（美术） ● 线索二：垃圾怎么分 15."可回收物"是什么？（综合） 16.清点可回收物（数学） 17.我了解的厨余垃圾（综合） 18.桌面垃圾桶DIY（美术） 19.大家一起捡垃圾（亲子活动）	● 日常渗透 1.交流在家里发现的生活中产生的垃圾 2.欣赏绘本《垃圾历史书》 3.观察被乱扔垃圾污染的环境图片，引导幼儿感知保护环境从垃圾分类做起 4.观看视频《厨余垃圾的危害》 5.欣赏巧虎的垃圾分类小视频 6.熟悉《铃儿响叮当》的音乐旋律 7.小猪佩奇的垃圾分类视频分享 ● 餐前 1.交流了解到的关于垃圾的问题 2.说说自己知道的一种可回收物 ● 户外活动和散步 1.观察幼儿园里哪里有垃圾，了解是谁制造的 2.参观幼儿园的厨房，了解厨余垃圾	1.将幼儿的问题整理、制作成小书或布置在主题墙，便于相互交流 2.收集主题推荐图书 3.布置"创意垃圾桶"展览 4.将收集来的相关资料进行再次筛选和调整，丰富主题墙	1.和幼儿一起关注生活中的各种垃圾，并进行初步的调查 2.观察社区或小区清洁工的工作 3.和幼儿一起创作心中的垃圾桶 4.欣赏绘本《神奇的垃圾回收》 5.和幼儿一起留心家里的可回收物，并观察哪些可以在生活中再利用 6.在生活中，和幼儿一起收集一些可回收做玩具的"垃圾" 7.进一步了解身边的垃圾怎么分，并进行实践操作 8.和幼儿共同思考关于"垃圾分类"的宣传画报	● 益智区 小垃圾走迷宫 我会分类 连连乐 ● 语言区 垃圾日志 绘本阅读 接龙：我知道的垃圾 ● 美工区 报纸拼贴画 运动器材我来造 小蜗牛 ● 科学区 旧报纸站起来 ● 建构区 垃圾回收大楼

线索一：我身边的变化

11 "垃圾分类"我想问（综合）

活动目标

1. 初步了解垃圾分类，并针对怎么分类提出自己的想法。
2. 乐意与周围的人交流、分享自己的问题和看法。

活动准备

1. 经验准备：
（1）对垃圾分类有了初步的兴趣和简单了解。
（2）和家长关注过关于垃圾分类的问题。
2. 物质准备：
（1）勾线笔、手偶。
（2）幼儿操作材料1《"垃圾分类"我想问》，人手一册。

活动过程

1. 出示手偶，情境导入，引起幼儿讨论的兴趣。
- 教师：兔兔今天遇到了一个难题，你们可以帮帮它吗？
  兔兔：最近，我看见楼下的垃圾桶变多了，还有不同的颜色，这是怎么一回事呢？
- 教师：哦，原来兔兔遇到了这个问题啊，你们发现了吗？你们知道是怎么回事吗？
- 幼儿讲述自己对于各色垃圾桶的了解。教师注意收集幼儿讲述中的问题。
2. 讲述、交流问题，教师用图标记录幼儿的问题。
- 教师：小朋友都发现了垃圾桶的变化，不少小朋友还说到了"垃圾分类"这个词语。对于垃圾分类好像我们都有一些问题。
- 请个别幼儿大胆提出自己的问题。
- 出示幼儿操作材料。
- 教师：垃圾分类已经在我们身边开始了。对于垃圾分类，刚才有小朋友提出了一些问题。你们对于垃圾分类还有什么问题？我们先一起记录下来，然后再试一试可以用什么方法寻找答案。
- 幼儿分成不同小组，每组有一位教师跟随。教师引导幼儿大胆表述自己的问题，并共同商量将自己的问题用简笔画或者小图标表现出来。
3. 探索寻求答案的方法。
- 教师：我们一起来看一看大家的问题。你们能看明白吗？
- 教师尝试将幼儿的问题进行归类。
- 教师：我们提出了这么多问题，通过哪些方法才能找到答案呢？（幼儿讨论）
- 小结：我们想到了好多方法，比如向爸爸妈妈求助，上网寻求答案，到图书馆找资料，采访专业人士等等，这些方法都不错，都可以尝试一下。最后，我们把找到的答案画在相应的位置，大家再一起说一说。

活动建议

★ 教学变式：幼儿讲述时可以准备投影仪，使其他幼儿能更加直观地感知。

★ 日常渗透：如果此活动是在中班下学期进行，第二环节中的问题，可以尝试让幼儿在过渡环节或餐前自己找时间记录。

12 垃圾要分类（语言）

活动目标

1. 学习儿歌，理解儿歌内容，知道生活中的垃圾要分类。
2. 能口齿清楚地朗诵儿歌，发准"sh"的音。
3. 进一步感知垃圾分类的重要性。

活动准备

1. 经验准备：知道垃圾要进行分类，这样做才环保。
2. 物质准备：

（1）幼儿阅读材料1《垃圾要分类②》，人手一册。

（2）垃圾分类图标（根据儿歌内容自制）。

活动过程

1. 情境导入，引起幼儿兴趣。

◆ 教师：一天，妈妈请皮皮帮忙把快递盒和用完的电池扔掉，皮皮把电池放进了快递盒中，一起扔进了垃圾桶，妈妈提醒皮皮"这样扔可不对哦，会被罚款的，仔细想想应该怎么扔"。皮皮犯了难，想请小朋友来帮帮他。

◆ 教师：你们知道怎么扔这两样东西吗？

◆ 小结：看来小朋友们知道得真不少呢！虽然它们都是垃圾，但是它们也应该到自己该去的地方哦。

2. 欣赏儿歌，理解儿歌内容。

◆ 教师以皮皮的口吻，有感情地朗诵一遍儿歌。

教师：儿歌里说了一件什么事情呢？干净美丽的环境怎么来的呢？垃圾分类这件事情会难倒我们吗？为什么？

◆ 教师根据幼儿的回答，出示幼儿阅读材料。

- 教师：我们一起来看一看，听一听，这四个颜色的垃圾桶应该放哪种垃圾。
  教师再次朗诵一遍儿歌。
- 教师：有害垃圾放入什么颜色的垃圾桶里？剩菜剩饭放入什么颜色的垃圾桶里呢？
  教师根据幼儿的回答出示相应图标，并按儿歌句式排列。

3. 幼儿看图标学念儿歌，进一步理解儿歌内容。
- 看图标，朗诵儿歌，发准"sh"音，如"剩饭剩菜"。
  幼儿看图标，完整朗诵儿歌。

4. 游戏：抽图标，大比拼。
- 幼儿分两组，轮流朗诵儿歌。
- 抽掉对方1—2个图标，听对方能否完整朗诵儿歌。
  游戏反复，直至拿完图标。

活动建议

★ 日常渗透：可以在日常的过渡环节中继续进行游戏的最后一个环节。

★ 教学变式：根据幼儿的学习兴趣和情况，灵活调整第四环节。

【附儿歌】

垃圾要分类

小朋友，来来来，
垃圾分类靠大家。
可回收物放蓝桶，
有害垃圾丢红桶，
剩菜剩饭进绿桶，
其他垃圾在灰桶。
垃圾分类不太难，
干净美丽你我他。

13 各种各样的垃圾桶（社会）

活动目标

1. 了解垃圾桶的种类及不同造型，感知垃圾桶的多样性以及它与人们日常生活的关系。
2. 能用清楚的语言描述自己了解的垃圾桶的外形及功能。

活动准备

1. 经验准备：对身边的垃圾桶进行过相关的调查。
2. 物质准备：
（1）各种垃圾桶的图片（桌面垃圾桶、感应垃圾桶、脚踩式垃圾桶等）。
（2）已完成的调查表（见幼儿操作材料1《各种各样的垃圾桶》）。

活动过程

1. 谈话：我知道的垃圾桶。
 ◆ 教师：这几天在做调查的时候，不少小朋友发现了垃圾桶也有好多种，大小不一、造型不一，你见过什么样的垃圾桶呢？
 ◆ 教师：谁来介绍一下你知道的垃圾桶的样子。
2. 教师出示图片，了解、感知不同功能、不同使用环境的垃圾桶。
 ◆ 教师：你见过这样的垃圾桶吗？它是什么样子的？它有什么特别的地方？
  教师从垃圾桶的外形、质地、功能、不同使用环境等方面介绍不同垃圾桶（或是补充介绍幼儿的发言）。
 ◆ 师幼小结：这么多种垃圾桶，你愿意使用哪种垃圾桶？
3. 交流讨论，感知分类垃圾桶的作用。
 ◆ 教师：你使用过哪些垃圾桶？它们都有什么方便之处？
  教师：怎样才能更好地利用垃圾桶，我们需要做些什么呢？（教师引导幼儿感知垃圾分类）

活动建议

★ 家园共育：家长带幼儿外出时，有意识观察、发现不同种类的垃圾桶，激发幼儿的兴趣。

14 我心中的垃圾桶（美术）

活动目标

1. 能大胆想象、构思，设计自己心中的垃圾桶。
2. 尝试画出垃圾桶外形、颜色的主要特征，能突出独特之处。
3. 喜欢参与设计、绘画活动，并分享自己的创作成果。

活动准备

1. 经验准备：幼儿有过绘画、设计作品的经验。
2. 物质准备：

（1）幼儿操作材料1《我心中的垃圾桶》，人手一册。
（2）勾线笔、油画棒。
（3）各种垃圾桶的图片。

活动过程

1. "猜谜语"游戏，引起幼儿兴趣。

◆ 教师：今天，有一个谜语请大家猜一猜，谜底是一个常见的生活用品。
   谜语：盒子路边站，开着活门窗。脏活累活都不怕，美化环境全靠它。

◆ 教师：你们猜出谜底是什么了吗？

2. 欣赏各种垃圾桶的图片，进一步感知垃圾桶的基本结构及造型。

◆ 教师：这些垃圾桶都有一个共同的特点，它们的身体中一大部分都是用来盛装垃圾的。垃圾桶可能会因为摆放的地方不同而有不一样的造型。

◆ 教师：看一看这些垃圾桶，你最喜欢哪个垃圾桶？哪个最特别，最能吸引人？为什么？（幼儿自由表述）

3. 幼儿大胆构想自己心中的垃圾桶，并与同伴交流。

◆ 教师：如果你是设计师，你想为什么地方设计垃圾桶呢？你会设计什么造型的垃圾桶？

4. 幼儿绘画、设计，教师指导。

◆ 教师：你设计的垃圾桶有什么本领？你想发挥它的哪些特殊功能呢？可以在你的设计中体现出来。

◆ 教师观察指导，适当鼓励并帮助有困难的幼儿。

5. 幼儿给自己设计的垃圾桶命名，向同伴介绍自己的作品。

◆ 教师帮助幼儿记录垃圾桶的设计理念及功能。

活动建议

★ 日常渗透：最后一个环节可以放在日常的过渡环节中继续进行。

★ 区域活动：鼓励幼儿在美工区利用多种材料装饰自己设计的垃圾桶。

线索二：垃圾怎么分

15 "可回收物"是什么（综合）

活动目标

1. 理解可回收物的含义，积极表达自己所了解的关于可回收物的已有经验。
2. 能大胆、清晰地提出问题，有进一步了解可回收物的愿望。
3. 能认真倾听同伴的发言，积极参与讨论。

活动准备

1. 经验准备：对可回收物有初步的了解，和家人进行过相关话题的讨论。
2. 物质准备：

（1）蓝色垃圾桶实物或图片。

（2）已完成的调查表（见幼儿操作材料1《我知道的可回收物》）。

（3）"可回收物"和非"可回收物"的卡片若干。

活动过程

1. 复习儿歌《垃圾要分类》，引出话题。

◆ 教师：前一段时间，我们一起学会了一首关于垃圾分类的儿歌，你们还记得吗？

◆ 教师：儿歌里告诉我们蓝色桶里要放的是什么垃圾呢？（可回收物）垃圾为什么要回收呢？

2. 幼儿介绍，教师记录。

◆ 教师：在我们的生活中哪些才是可回收物呢？我们拿出自己的调查表，来说一说吧！

◆ 教师：你找到的哪些东西是属于可回收的？

◆ 教师：可回收物有什么共同的特点呢？

3. 游戏：谁是可回收物？

◆ 幼儿感知可回收物的特质，进一步引发幼儿对垃圾分类的兴趣。

◆ 幼儿随机抽取卡片，如果是可回收物，放进蓝色垃圾桶里。

◆ 师幼小结：看来垃圾分类是一门很深的学问，如果你有什么疑问或了解到新的知识，也可以再和小朋友们一起探讨。

活动建议

★ 教学变式：如果有电子白板，可以直接制作课件，将可回收物拉进蓝色垃圾桶。

★ 日常渗透：在点名环节可以增加相关内容的讲述。

★ 家园共育：在家里和家人共同找一找可回收物。尝试收集资料，了解可回收物回收后可以做什么。

16 清点可回收物（数学）

活动目标

1. 能手口一致地点数 10—20 的实物数量并说出总数。
2. 能不受颜色或形状的干扰，对同种类型的物品进行数数。
3. 激发幼儿愿意数数、喜欢数数的兴趣和愿望。

活动准备

1. 经验准备：幼儿已经会手口一致地点数 10 以内的数，并能说出总数。
2. 物质准备：

（1）旧图书 10 本；饮料瓶盖 16 个（2 种颜色，每种颜色 8 个）；笔 20 支（4 种笔，每种 5 支）；小食品玩具 20 个（5 种食品，每种 4 个）；旧拼图 2 盒（每盒 12—20 块不等，分别装在 3 个小筐中）；塑料夹子 18 个，牙膏盒 15 个；矿泉水瓶 17 个。（以上物品每种两份分别装在塑料小筐里）

（2）塑料小筐人手一只。

（3）教师在班级的活动环境里预先布置一些数量为 10—20 的可回收物（快递纸盒、毛绒玩具、小毛巾、杂志、报纸等）。

（4）汇总表格：表格中呈现所有物品的照片。

活动过程

1. 出示收集的旧图书，引起幼儿点数的愿望。

◆ 教师：最近收到了不少大家带来的旧图书，我们准备捐给山区的小朋友。这里的书一共有多少本呢？

请一位幼儿在集体面前点数图书的数量。

◆ 教师：他数对了吗？这些旧图书有多少本？他是怎么数的？你还有其他数的方法吗？

◆ 教师结合幼儿点数的方法进行小结：可以拿一本放一本地数；可以从书的侧面用手指从第一本开始，一本一本地点数等。我们可以一边数一边轻声地将数字说出来帮助自己数清楚。

2. 共同感受可回收物，尝试点数20以内物品的数量。

◆ 教师：这里还收集了一些可回收物，有多少呢？请大家帮忙数一数。

教师：每人选择一小筐物品在桌上数一数，看看你数的物品数量是多少。

◆ 幼儿自选一小筐物品进行点数操作，教师注意观察幼儿点数的方法和点数结果。

教师：你数的是哪一种可回收物？有多少？我们一起把数数的结果记录在表格中。

◆ 教师在汇总表格中记录幼儿的点数结果。如果出现了同种物品点数结果不一致的情况，可以请一位幼儿在集体面前对这种物品进行再次点数，大家共同验证。

◆ 教师：他数对了吗？他是用了什么方法帮助自己数清楚的呢？还有谁也用了这个好方法呢？还有其他数物品的方法吗？

◆ 幼儿与同伴交换物品再次数一数。

3. 经验拓展，练习20以内物品的点数。

◆ 教师：除了数这些可回收物，我们还可以数什么呢？

◆ 教师根据幼儿的喜好，采取集体点数、结伴点数与个别点数的方法让幼儿充分地练习数数。

活动建议

★ 教学变式：教师可以提出一个超过20的数，引发幼儿继续探索数数的兴趣。本活动可以分组进行。

17 我了解的厨余垃圾（综合）

活动目标

1. 知道剩菜、剩饭、果皮、蛋壳等都是厨余垃圾，知道家里的厨房是厨余垃圾的主要来源地。
2. 能清楚地用语言介绍自己的调查过程，乐于与同伴交流自己的调查结果。

活动准备

1. 经验准备：了解生活中的厨余垃圾。
2. 物质准备：

（1）已完成的调查表（见幼儿操作材料1《我了解的厨余垃圾》）。
（2）收集幼儿在家寻找、收拾厨余垃圾的视频或照片。

活动过程

1. 谈话，激发幼儿探索厨余垃圾的兴趣。
- 教师：这几天，不少小朋友在家里吃完饭后帮助家人收拾餐桌，你是怎么做的呢？来向大家介绍一下吧！
- 教师：你们收拾出来的鱼骨、剩菜、剩饭倒在哪里了呢？
- 幼儿分享各自的实践，进一步感知什么是厨余垃圾。
2. 共同讨论，感知厨余垃圾的特征。
- 幼儿结合自己的调查表或照片以及收集到的资料，大胆地向同伴介绍生活中的厨余垃圾。鼓励幼儿在倾听后能大胆提出自己的看法或问题。
- 小结：我们知道了，平时餐桌上经常能见到的剩菜、剩饭，以及厨房里出现的果皮、蛋壳，是厨余垃圾。
3. 师幼根据相互间的了解，共同总结。
- 教师：通过了解，我们不仅知道了厨余垃圾是什么，还了解到厨余垃圾主要来自厨房。关于厨余垃圾，如果你还有什么疑问，也可以提出来，大家一起探究。

活动建议

★ 日常渗透：一起参观幼儿园里的厨房，观察、了解哪些是厨余垃圾。
★ 家园共育：观察家里的厨房会产生哪些垃圾，继续探究什么是厨余垃圾，丰富其概念。

18　桌面垃圾桶 DIY（美术）

活动目标

1. 用废旧盒子制作桌面垃圾桶，并用正确的颜色表现分类垃圾桶。
2. 感受桌面垃圾桶的便利性，愿意将垃圾分类摆放。

活动准备

1. 经验准备：对各种垃圾及垃圾分类有一定的了解。
2. 物质准备：
（1）桌面垃圾桶和普通垃圾桶实物各一个。
（2）已经收集了各种大小不一的纸盒、金属盒、塑料盒。
（3）垃圾分类的标志；水粉颜料、剪刀、双面胶等。

活动过程

1. 观察两个不同大小的垃圾桶，引发幼儿讨论。
◆ 教师：这两个垃圾桶有什么不一样？在哪里见过？（小的垃圾桶是放在桌面上的）桌面的垃圾桶有什么用？（装一些小的垃圾）
2. 讨论：如何制作桌面垃圾桶？
◆ 教师：我们也来给区域活动的桌子制作一些桌面垃圾桶吧！我们需要哪些材料，怎么做？
◆ 幼儿结合经验展开讨论。
◆ 教师：制作桌面垃圾桶，我们需要一些盒子，可以给盒子涂上绿色、蓝色、灰色、红色，或是在盒子上贴垃圾分类的标志。最后再把盒子的外面装饰一下。
3. 幼儿根据讨论结果，选择材料制作桌面垃圾桶。教师巡回指导。
◆ 涂颜色的幼儿可以跟同伴商量并分工合作，每个人分别用水粉涂一种或两种颜色，共同制作一组垃圾桶。

活动建议

★ 区域活动：可以延伸至美工区继续创作。
★ 家园共育：在家里，为书桌、餐桌等制作桌面垃圾桶。

19 大家一起捡垃圾（亲子活动）

活动目标

1. 能主动捡起身边的垃圾，和家人一起改变周边的环境。
2. 知道垃圾不能乱扔，乐意宣传垃圾分类的知识，让更多人一起做好垃圾分类。
3. 愿意参加捡垃圾活动，能坚持到底，将任务完成。

活动准备

1. 经验准备：已经初步知道垃圾不能乱扔，有垃圾分类的意识。
2. 物质准备：

（1）垃圾袋若干，一次性手套、长柄夹子、扫帚、簸箕等劳动用品。
（2）统一的小背心或是有明显标志的袖章。
（3）将活动主旨、流程、注意事项等提前告知家长，让家长心中有数，从而更好更高效地参与活动。
（4）奖牌（或奖状）。

活动过程

1. 出发前在指定地点（自定，最好边登山边捡沿途的垃圾）集合，幼儿和家长分队伍站好，教师清点人数。
2. 活动开始。
- 分小组，走不同的线路，分别进行捡垃圾行动。途中鼓励幼儿向身边的人宣传垃圾分类的理念。
- 在活动过程中能互相帮助，不打闹，照顾好自己的家人。遇到不好走的路，知道互相搀扶，安全第一。
3. 指定地点集合。
- 分享自己的"战利品"，说说是在什么地方发现的，用什么工具捡的。
- 垃圾分类知识趣味竞答。
- 垃圾分类小游戏。
4. 颁发奖牌（或奖状），活动结束。

活动建议

★ 家园共育：在日常亲子出游时，鼓励家长继续提醒幼儿关注身边的环境和自己的行为。

区域游戏

区域名称	游戏名称	材料和指导要点
益智区	小垃圾走迷宫	材料：画好的不同难度迷宫底图（底板厚度适宜）；磁铁数对（一面贴有垃圾图标） 指导要点：幼儿按照迷宫的线路自己尝试，将"垃圾"从起点运送至终点即完成挑战。幼儿可以自主更换不同难度的迷宫底图
	我会分类	材料：自制垃圾桶、各种种类的垃圾图片 指导要点：能将垃圾按照种类进行分类，将其放到相应的分类垃圾桶里。幼儿之间可以相互进行检查
	连连乐	材料：四色分类垃圾桶、垃圾图片若干 指导要点：将不同种类的垃圾与相应的垃圾桶连线匹配。若一种垃圾桶对应多个垃圾，可多次连线
语言区	垃圾日志	材料：A4纸、水彩笔、废旧图书若干 指导要点： • 层次一，自己设计故事内容，再从废旧图书中找寻相关画面和元素进行再加工的剪贴活动 • 层次二，与同伴分享自己的故事，自己绘画或创作相关画面，制作属于自己的"垃圾"小故事绘本
	绘本阅读	材料：与垃圾分类、保护环境等相关的绘本 指导要点：幼儿自主选择自己喜欢的绘本进行阅读，注意阅读时的坐姿，保持良好的用眼习惯
	接龙：我知道的垃圾	材料：不同类型垃圾的题卡图片 指导要点：两人或三人玩接龙游戏。接龙主题为抽到的题卡内容，如抽到有害垃圾题卡，几个人接龙说出自己知道的有害垃圾

续 表

区域名称	游戏名称	材料和指导要点
美工区	报纸拼贴画	材料：范例；旧报纸若干、裁剪好的彩色卡纸或硬纸板底板若干；毛根、固体胶、剪刀、印花机等美工材料、装饰材料和工具 指导要点： • 层次一，用旧报纸剪裁出不同的形状，和提供的多种美工材料结合，粘贴在底板上，拼绘出不同图案 • 层次二，大胆撕出不同的形状，进行随意组合拼贴，并进行适当添画，创作自己喜欢的图案
美工区	运动器材我来造	材料：各种废旧材料（废旧纸盒、塑料瓶、报纸、图书等） 指导要点：利用不同种类的废旧物品，制作常见的体育运动器材。如用旧报纸制作纸球、空塑料瓶装重物后制作哑铃、废旧纸板剪贴后制作飞盘等
美工区	小蜗牛	材料：旧报纸、各色卡纸、笔、双面胶；提前做好的彩色卡纸蜗牛平面图 指导要点： • 层次一，在教师的指导下将旧报纸折叠成长条状，学会用一点一点向前卷的方法将旧报纸长条卷成圈并固定好，选择彩色卡纸蜗牛平面图，将其沿着圈的最外层卷起，完成小蜗牛的制作 • 层次二，能独立将旧报纸卷好，并自由绘画彩色卡纸蜗牛平面图，剪开后进行组装，完成小蜗牛的制作
科学区	旧报纸站起来	材料：旧报纸若干 指导要点：自由探索旧报纸能够从平面到站立起来的方法（折，卷，捏，叠，组合粘贴等），感受旧报纸形状不同时稳定性不同
建构区	垃圾回收大楼	材料：各种积木若干 指导要点：在教师的指导下，运用架空的搭建方法，完成大楼的多层主体构建。注意架空的方法，丰富搭建的多样性

第三主题　垃圾，你去哪里了

主题背景

垃圾，伴随着我们的生活。每天，幼儿都会看见父母从家里的各个房间收拾整理出不同的垃圾，再扔进小区的大垃圾桶里；幼儿园里，每天午餐后生活老师都会清扫教室里的垃圾；马路上，清洁工清扫路面上的树叶、纸屑等。家里的小垃圾桶、幼儿园的大垃圾桶、马路上的各种颜色的垃圾桶，为什么装满垃圾的垃圾桶第二天又变成空的了？清洁工们把垃圾运走后，这些垃圾被运送到什么地方去了？它们最后变成了什么？它们会消失吗？随之而来的新问题让幼儿开始关注"垃圾去哪里了"。

在这个主题中，幼儿将通过生动、有趣的故事去探究我们产生的垃圾去了哪里，垃圾会变成什么，不同的垃圾对我们的生活有什么作用等。希望幼儿在探究的过程中养成不乱扔垃圾的好习惯，从小树立环保的意识。

主题目标

1. 知道我们身边产生的垃圾有些经过处理可以再利用，从而减少对环境的危害。
2. 了解不同种类的垃圾有不同的处理和利用方式，乐意参与力所能及的垃圾回收利用活动。
3. 能大胆运用多种方式对可回收物进行利用和再创造，体验变废为宝的乐趣和成就感。

主题实施路径表

集体活动	日常活动	环境创设	家园联系	区域游戏
● 线索一：垃圾要去哪里 20. 垃圾呢？（社会） 21. 小小垃圾车（音乐） 22. 神奇的小动画（科学） 23. 参观垃圾处理厂（社会） ● 线索二：垃圾还有用吗？ 24. 厨余垃圾旅行记（语言） 25. 神奇的垃圾回收（语言） 26. 制作收纳盒（美术） 27. 购物袋的变化（社会） 28. 瓶子娃娃（综合） 29. 好玩的报纸（体育） 30. 包装袋大变身（半日活动）	● 日常渗透 1. 收集家中废旧电池，放到幼儿园的旧电池回收箱里 2. 收集家中的废旧材料带到幼儿园，放在适合的活动区中使用 ● 餐前 1. 师幼共同阅读关于垃圾再利用的图书和绘本 2. 复习节奏游戏：拍一拍 ● 户外活动和散步 1. 在幼儿园寻找可回收物，并将其带回班级进行制作和加工 2. 参观幼儿园的厨房，进一步了解厨余垃圾	1. 将幼儿收集的利用废旧物品制作的小发明图片展示在科学区，鼓励幼儿进行尝试，做一个"小小发明家" 2. 展出幼儿利用可回收物和废旧材料在家中和父母合作制作的各种手工作品	1. 请家长带幼儿观察小区里的分类垃圾桶的颜色特点 2. 在家中和幼儿一起利用各种可回收物进行创意制作 3. 带幼儿参观社区的垃圾中转站，看看垃圾如何堆放，工作人员如何处理	● 美工区 桌面垃圾桶 小小设计师 折纸衣服 ● 建构区 我喜欢的…… ● 科学区 听一听，猜一猜 ● 阅读区 绘本阅读 ● 数学区 小小送货员 数一数 ● 生活区 筷子夹物

线索一：垃圾要去哪里

20 垃圾呢？（社会）

活动目标

1. 初步了解垃圾的去向，知道垃圾需要被处理。
2. 能认真倾听同伴的讲述，愿意分享自己所知道的相关知识。
3. 对垃圾的去处和处理产生一定的好奇和兴趣。

活动准备

1. 经验准备：见过垃圾的分类处理方式。
2. 物质准备：
（1）汇总表格（见附）、小标签（四分之一 A4 纸）、勾线笔。
（2）垃圾处理的图片或视频。

活动过程

1. 出示汇总表格，引出话题。
- 教师出示自制的汇总表格，鼓励幼儿大胆介绍自己的调查，尝试用自己的表征方式将调查结果记录在小标签上后贴在表格中。
- 教师：这是一张调查垃圾去处的表格，请你来说说知道的垃圾处理方法。如果你愿意画在汇总表格上，欢迎你来记录，也可以请同伴或老师帮忙。
2. 根据幼儿画的"垃圾的去处"的小标签整理表格。
- 教师：小朋友们提到了家里的许多垃圾，也说到了我们会把有的垃圾扔掉，有的垃圾送小区垃圾收集站，有的留给爷爷奶奶卖钱。
- 教师：那我们就一起来根据你们画的这些垃圾，将它们不同的去处整理一下吧。
3. 总结几种常见的垃圾处理方式，将幼儿的表征方式贴进汇总表格。
- 教师：我们一起来看看，自己画的内容可以放进哪一类呢？
- 教师：有些垃圾其实是生活中的废旧材料，可以回收；有些垃圾是有毒有害的，要放进专门的回收箱；有些垃圾是厨余垃圾，需要单独投放。
4. 观看垃圾处理的图片或视频，拓展幼儿相关经验。

活动建议

★ 活动延伸：不断丰富表征的品种，添入汇总表格中，丰富幼儿的经验。

【附汇总表格】

	可回收物图标	厨余垃圾图标	其他垃圾图标	有害垃圾图标
垃圾处理方式				

21 小小垃圾车（音乐）

活动目标

1. 学唱歌曲，理解歌词内容，感受歌曲所表达的欢快情绪。
2. 尝试根据对歌词的理解用连贯、跳跃的演唱传递歌曲所表达的情感。
3. 大胆创编动作，积极参与歌曲表演。

活动准备

1. 经验准备：对垃圾车的功能有一些了解。
2. 物质准备：
（1）垃圾车的工作视频。
（2）垃圾车的小胸牌若干。

活动过程

1. 播放垃圾车的工作视频，引起幼儿的兴趣。
◆ 教师：看一看，马路上的垃圾车是怎样工作的？
2. 欣赏歌曲，了解垃圾车工作的特点。
◆ 教师有感情地范唱。
◆ 教师：歌曲里说了什么？垃圾车是怎么工作的？它有什么特点呢？
理解歌词内容，初步感受歌曲所表达的情境。
3. 结合视频，教师再次范唱歌曲。
◆ 教师：谁来学一学垃圾车工作时的动作？（进一步感知、理解歌词内容）
幼儿有节奏地朗诵歌词。
4. 幼儿学唱歌曲《小小垃圾车》。
◆ 幼儿在伴奏下有节奏地完整念歌词。
◆ 幼儿学唱歌曲。
分组轮流演唱歌曲。
5. 歌曲表演。
◆ 播放音乐，鼓励幼儿大胆想象，自由创编动作。
幼儿戴上垃圾车的小胸牌，边听音乐，边向大家展示自己所表达的歌曲情境。

活动建议

★ 日常渗透：在餐前或离园活动时，幼儿自主进行创编、表演。

★ 区域活动：可以在角色游戏中增加相关游戏情节。

【附歌曲】

小小垃圾车

1=G 4/4

5̣ 5 2 3·	5̣ 1 2 3·	2 2 3·1 2 2 2
倒 呀 倒 呀，	压 呀 压 呀，	倒 一 倒， 压 一 压，

2 2 3 1 6̣ 6̣ 6̣	5̣ 1 3 2 3	2 6̣ 1 5̣	1 - - 0 ‖
全部 装进 大肚子。	这 里 收 收	那 里 收， 哈 哈。	

（根据《洒水车》改编）

22 神奇的小动画（科学）

活动目标

1. 会制作简易的垃圾进桶的动画，体验制作小动画的乐趣。
2. 观察、发现动画是如何形成的，初步了解动画的制作过程。

活动准备

1. 经验准备：幼儿看过各种形式的动画片。
2. 物质准备：
（1）提前做好动画（连环画）小书。
（2）制作动画所需的纸（10 cm×10 cm，最好采用废旧的白纸，或打印材料的背面）人手2张，家里不用的筷子人手一根。
（3）水彩笔、双面胶。
（4）动画制作过程的视频资料。

活动过程

1. 请幼儿翻看动画小书。
   ◆ 教师：小朋友很喜欢看书，这里有一些动画小书，请大家翻翻看，你们发现了什么？
   ◆ 教师边演示边提问：快速地翻看，书里的画面会怎样呢？（小鸟飞起来了）
   ◆ 教师：这些东西为什么会动起来呢？书里的每张画面有什么不同？这些东西连续动起来时，我们就像看到了什么一样？（引导幼儿发现书中动物或人物的动作是一点一点地连续变化的）
2. 制作"垃圾进桶"的简易动画。
   ◆ 教师出示范例，引起幼儿制作的兴趣。
   教师：今天我们也来制作一种简单的动画。
   ◆ 引导幼儿讨论"垃圾进桶"动画的制作方法与步骤。
   （1）在一张纸的中间画上垃圾，另一张纸的中间画上垃圾桶（垃圾桶稍大于垃圾）。
   （2）在两张纸的空白面分别贴上双面贴。
   （3）用两张纸空白面分别夹住废旧筷子对贴。
   （4）双手夹住筷子转动，画面就显示垃圾丢进了垃圾桶里。
3. 幼儿制作时，教师给予适时的指导与帮助，重点指导将两张纸对贴的步骤。
4. 幼儿演示自己制作的小动画，体验制作的乐趣。

活动建议

★ **教学变式**：动画内容可以由幼儿自主选择，可以是不同的垃圾丢进不同颜色的垃圾桶，也可以是老虎关进笼子里、小狗跑进窝里等。

★ **活动延伸**：通过看录像了解动画电影的制作过程。动画制作者们画出很多张画稿，每一张画稿上人的动作看上去差不多，但是都有一点不一样。然后再将画稿扫描到电脑里面。当连续播放所有的画稿时，动画片就出现了。

★ **区域活动**：在美工区继续提供材料，供幼儿制作小动画和动画小书。

23 参观垃圾处理厂（社会）

活动目标

1. 初步了解垃圾处理厂的环境和设施，感知工作人员的工作程序。
2. 能大胆地采访工作人员，寻找自己想要知道的问题的答案。

活动准备

1. 经验准备：幼儿已了解垃圾的种类，有自己想要了解的问题。
2. 物质准备：
（1）事先与社区垃圾处理厂联系好参观事宜。
（2）幼儿戴好口罩。
（3）幼儿已准备好要采访的问题（用绘画的方式）。

活动过程

1. 向幼儿介绍参观的内容，师幼讨论注意事项。

◆ 引导幼儿讨论出门参观的注意事项。

◆ 教师：我们今天将要去哪里参观？小朋友们以前去过吗？垃圾处理厂是什么样子的呢？里面有什么呢？工作人员是怎样处理垃圾的呢？厂里的工作人员会告诉我们哪些关于垃圾的秘密呢？

◆ 教师：在外出时，我们路途中需要注意什么？

2. 组织幼儿前往参观。

3. 参观垃圾处理厂，初步了解垃圾处理厂的环境和设施。

◆ 依据园方和厂方的前期沟通，由宣教人员组织引导幼儿观摩主要的垃圾处理流程并给予讲解。

4. 采访相关工作人员，寻找问题的答案。

◆ 幼儿听取讲解之后，产生疑问并向工作人员提问。（条件允许的情况下，可以针对重点疑问或现场生成的兴趣点组织回头二次参观和讲解）

5. 组织幼儿回园。

◆ 教师：在垃圾处理厂里你看到了什么？哪些跟我们想的不一样？你有什么新发现？

◆ 教师：我们在参观过程中又对哪些事物产生了兴趣和疑问？工作人员是如何解答的？

活动建议

★ 教学变式：可以观看视频，让幼儿了解垃圾处理的不同方式。

★ 活动延伸：将幼儿的问题、答案以及新的问题和收获汇总梳理，以大简报的形式呈现在班级环境中，供幼儿自主回溯和交流。

线索二：垃圾还有用吗？

24 厨余垃圾旅行记（语言）

活动目标

1. 理解故事内容，了解厨房里垃圾的种类和不同处理利用方式。
2. 能用较清楚的语言表达自己的理解和已有经验。

活动准备

1. 经验准备：幼儿已经了解厨房里有哪些垃圾。
2. 物质准备：

（1）幼儿阅读材料1《厨余垃圾旅行记》，人手一册。

（2）将《厨余垃圾旅行记》制作成PPT。

活动过程

1. 出示PPT第1、2页（即幼儿阅读材料1第29、30页），引起幼儿的猜想和讨论。

◆ 教师看图讲述故事的第一段。

教师：皮皮和球球在厨房里看到了什么？他们问了什么问题？

2. 出示PPT第3页（即幼儿阅读材料1第31页），了解厨余垃圾有哪些。

◆ 欣赏故事第二段。

教师：妈妈告诉皮皮和球球厨余垃圾有哪些，你们在家有没有见过这些垃圾呢？

3. 出示PPT第4、5页（即幼儿阅读材料1第32、33页），了解厨余垃圾处理后的不同用处。

◆ 讲述故事第三段，揭秘厨余垃圾的有效利用。

教师：瓜果皮核和发黄的菜叶去了哪里？它们变成了什么？

4. 翻阅幼儿阅读材料，完整欣赏故事。

◆ 教师完整讲述故事，幼儿边听边翻阅幼儿阅读材料。

◆ 幼儿自由阅读并和同伴交流分享，进一步了解厨余垃圾是如何处理并利用的。

◆ 师幼共同小结：厨余垃圾经过科学的处理会变成肥料、燃料，有非常多的用处。

活动建议

★ 教学变式：活动开始时可以和幼儿聊一聊在自己家厨房的垃圾桶里看到过哪些垃圾。

★ 家园共育：鼓励幼儿在晚餐后一起收拾餐桌，有意识地将厨余垃圾放在一起。从小树立爱护环境的意识。

【附故事】

厨余垃圾旅行记

周末的中午，妈妈正在厨房里准备美味的午餐。"能帮妈妈去阳台拿两个蒜头吗？""好的。"皮皮和球球来到厨房把蒜头交给妈妈。他们看见妈妈把择好的菜放进水槽中清洗，把发黄的菜叶扔进垃圾桶里。接着妈妈又将黄瓜皮也扔进了垃圾桶。皮皮看着垃圾桶里的东西越来越多，奇怪地问妈妈："这些都不要了吗？它们还有用吗？"

妈妈笑着对皮皮和球球说："扔进垃圾桶里的这些东西都是不要的，发黄的菜叶、黄瓜皮，它们都是厨房里产生的垃圾，叫厨余垃圾。"妈妈一边说着一边从冰箱里拿出一个鸡蛋打在碗里："你们看，蛋壳也是厨余垃圾。哦，对了，还有你们最爱吃的鱼，鱼肉吃完了剩下的骨头也是厨余垃圾。可是，你们别小看了这些垃圾，它们还是很有用的。""垃圾还有用吗？"球球惊讶地看着妈妈。妈妈很神秘地说："你们没想到吧！"

"保洁员叔叔把它们装进垃圾车里，车子开进了一个干净整洁的大工厂，垃圾旅行的目的地到了。瓜果皮核、发黄的菜叶、剩饭剩菜经过处理都变成了有用的肥料、可以燃烧的燃料，有的还能用来发电呢。"

皮皮和球球听得入了神，球球瞪大了眼睛说："太神奇了，原来这些垃圾还有这么大的用处呀！"妈妈摸着两个小脑袋笑着说："好了，准备吃饭吧，吃完饭帮妈妈一起收拾吃剩下的厨余垃圾吧！"皮皮和球球开心地点点头。

25 神奇的垃圾回收（语言）

活动目标

1. 理解故事内容，了解垃圾回收的不同方法。
2. 能较清楚地表达自己对绘本的理解。
3. 知道要减少垃圾的产生，从小爱护环境。

活动准备

1. 经验准备：幼儿对垃圾分类有初步了解。
2. 物质准备：
（1）绘本《神奇的垃圾回收》。
（2）将绘本《神奇的垃圾回收》制作成 PPT。

活动过程

1. 谈话导入，引发幼儿兴趣。
- 回忆故事《厨余垃圾旅行记》。
  教师：还记得故事《厨余垃圾旅行记》吗？皮皮和球球家厨房垃圾桶里的厨余垃圾还有用吗？
- 教师：除了厨余垃圾还有很多垃圾，它们去了哪里呢？这些垃圾还有什么用处？
2. 逐页出示绘本 PPT，引导幼儿观察画面并讨论。
- 欣赏绘本的封面和扉页，知道故事的名称。
  教师：这是绘本的封面。请看图片，他们在做什么事情呢？
- 出示 PPT 第 1、2 页，师幼看图共同讲述，了解垃圾是如何产生的。
  教师：图片中的小朋友和妈妈在做什么事情？垃圾桶里出现了什么呢？这些是从哪里产生的？
- 出示 PPT 第 3、4 页，了解垃圾收集工人的工作。
  教师：你们知道垃圾车要开到哪里去吗？
- 继续出示 PPT，知道垃圾收集车的种类很多。
  教师：你们知道各个地方垃圾桶里的垃圾是如何装进垃圾车的吗？
- 出示最后几页 PPT，体会工作人员的辛苦，知道要减少垃圾的产生。
3. 阅读绘本，完整欣赏故事。
- 教师完整讲述故事，幼儿边听边阅读绘本。
- 幼儿自由阅读并和同伴交流分享，进一步了解垃圾是如何处理并利用的。

活动建议

★ 家园共育：鼓励幼儿在家中和父母合作，利用纸盒等废旧材料制作一辆自己的垃圾回收车。

26　制作收纳盒（美术）

活动目标

1. 能大胆用画、剪、贴等技能装饰废旧纸盒。
2. 积极动手动脑，体验动手创造带来的乐趣。

活动准备

1. 经验准备：幼儿生活中已经接触过成人制作的纸盒制品。
2. 物质准备：
（1）生活中常见的纸盒（饼干盒、鞋盒等，没有盒盖），每组一份。
（2）剪刀、双面胶、彩色笔、彩色纸，人手一份。
（3）魔术盒、收纳盒。

活动过程

1. 变魔术，引起幼儿兴趣。
◆ 出示魔术盒，变出大大小小的各种纸盒，引出主题。
　　教师：魔术盒里宝贝多，请小朋友们来看一看，里面都有什么？
2. 观察纸盒，初步感知纸盒的不同。
◆ 教师：这些纸盒有什么不一样？（大小不同、高矮不同、颜色不同等）
◆ 教师：这些纸盒本来是用来装什么的呢？装完东西后，纸盒还能用吗？我们在幼儿园里用纸盒做过哪些有趣的游戏？
3. 出示收纳盒，引发幼儿制作的兴趣。
◆ 教师：这是什么？可以用来装什么？它是用什么做成的？
　　教师：你会做这个收纳盒吗？
◆ 幼儿观察后分析制作要点：① 确定收纳盒需要装的物品的大小；② 选择大小适合的纸盒；③ 将纸盒摆放在桌面上，确定需要粘贴的纸盒的面；④ 按照顺序用双面胶粘贴纸盒；⑤ 用不同的方法装饰自己的收纳盒。

4. 幼儿分组操作，教师巡视。
- 教师：你想制作收纳什么物品的收纳盒？你的收纳盒是什么样的？
- 鼓励幼儿大胆设计，用各种造型的盒子制作收纳盒。
  可以独立制作，也可两个人合作完成。
5. 相互交流欣赏作品，体验成功的喜悦。
- 教师：你是怎么制作的？遇到了什么困难？你是怎么解决的？
- 教师：你喜欢哪个收纳盒，为什么？

活动建议

★ 区域活动：美工区中可以继续利用纸盒制作其他类型的物品，如纸盒公交车、汽车、机器人、飞船等。

★ 家园共育：在家收集一些大小不一的纸盒，根据幼儿阅读材料1《有趣的纸盒》上的图片，跟爸爸妈妈一起动手制作有趣的创意作品吧！

27 购物袋的变化（社会）

活动目标

1. 了解不同年代家庭购物袋发生的变化，感知各种购物袋和我们生活的关系。
2. 在讨论和游戏中积极表达对使用不同购物袋的想法。
3. 有使用环保购物袋的愿望，产生爱护环境的情感。

活动准备

1. 经验准备：幼儿有随着家人外出购物的经验，使用过购物袋。
2. 物质准备：
（1）幼儿收集的各种购物袋（包括竹篮、筐等）；各种玩具及其他物品。
（2）幼儿阅读材料1《购物袋的变化》，人手一册。
（3）关于新型购物袋的视频。

活动过程

1. 交流分享自己的调查结果。
- 教师：小朋友们有没有跟着爸爸妈妈去超市买东西、去商场购物或是去菜场买菜？买了东西后，我们一般都会使用购物袋装好刚买的物品或食品。谁知道自己家里都有哪些购物袋？

2. 观察、认识不同的购物袋，感知不同购物袋的特点。

◆ 教师：看一看，你们见过这些购物袋吗？用过吗？
这些购物袋有什么不一样？谁使用过这些不同的购物袋？

◆ 小结：这些购物袋的形状、材质不一样。爷爷奶奶小时候会用竹篮购物，爸爸妈妈以前会用塑料袋购物，现在经常使用的是纸袋、布袋。

◆ 教师：你喜欢哪种购物袋，为什么？（竹篮太占地方；布袋可以反复使用，但是容易弄脏；塑料袋不怕水可以放各种东西，但是不环保；纸袋有各种好看的颜色，但是容易被撕破）

◆ 幼儿选择自己喜欢的购物袋，并在其旁边贴上红点。

3. 看视频，了解新型购物袋的优势。

◆ 教师：这些购物袋，小朋友们见过、用过吗？它有什么好处？（环保，可以循环使用）

◆ 教师：如果你去购物，你会选择怎样的购物袋？

4. 游戏：一起去购物。

◆ 教师：我们班级的小超市、娃娃菜场开业了，欢迎小朋友光临。我们在门口准备了一些购物袋，请小顾客们自己选取使用。

活动建议

★ 活动延伸：组织幼儿讨论"什么袋子适合放置什么样的物品"。（如纸袋适合放置不是很重不潮湿的物品等）

★ 家园共育：幼儿回家后跟家长一起整理家里的购物袋，看看家里哪些是环保的购物袋。鼓励幼儿和家长外出购物时使用环保购物袋。

28　瓶子娃娃（综合）

活动目标

1. 能利用各种不同的材料，用绘画、剪贴等方法装饰瓶子。
2. 知道废旧的瓶子可以再利用，美化环境。
3. 发挥想象力，大胆装饰，体验创造活动带来的快乐。

活动准备

1. 经验准备：幼儿知道玻璃瓶、塑料瓶可以再次利用。
2. 物质准备：
（1）每位幼儿活动前收集一个瓶子（形状不限，玻璃瓶、塑料瓶均可）。
（2）大小不同的泡沫圆球；双面胶、乳胶、剪刀、彩色打印纸或卡纸等。
（3）幼儿操作材料1《瓶子娃娃》，人手一册。
（4）用不同材料装饰好的瓶子。

活动过程

1. 谈话导入，引导幼儿树立"变废为宝"的意识。
   - 教师：你是怎么收集到瓶子的？在哪里会见到这些废旧的瓶子？
   - 小结：生活中有各式各样的瓶子，由于人们把瓶子里装的东西用完之后就随手扔掉，给我们的环境带来了很大的影响。那么我们能够做些什么？怎样可以变废为宝呢？
2. 出示用不同材料装饰好的瓶子，引导幼儿欣赏。
   - 教师：今天老师要表演一个变魔术的节目，看看我都变出了什么。
     教师：这些瓶子是用什么材料装饰的？
   - 小结：有的是用颜料画的；有的是用彩纸剪贴的；有的是用毛线装饰的；有的是用布装饰的；有的是用干树叶、干花装饰的……原来废旧的瓶子装饰好可以美化环境，真漂亮。
3. 出示幼儿阅读材料中的瓶子娃娃图片，引发幼儿兴趣。
   - 教师：瓶子除了可以用来美化环境，还可以变成可爱的娃娃。
   - 出示泡沫圆球。
   - 教师：这个可以做瓶子娃娃的什么部分？（头）头发用什么做？
     教师：你准备用什么来制作娃娃的衣服？
4. 幼儿动手操作，体验成功的乐趣。
   - 教师：每位小朋友都带来了一个瓶子，你们也来变出一个娃娃吧。
     幼儿动手操作，教师巡回指导（鼓励幼儿能够大胆地制作一些有创意的图案）。
5. 作品评析，分享成功的喜悦。
   - 幼儿互相介绍分享自己装饰好的瓶子娃娃。
   - 幼儿与自己制作的瓶子娃娃合影。
   - 将幼儿的作品布置在美工区。

活动建议

★ 教学变式：幼儿收集不同的玻璃瓶或塑料瓶。
★ 活动延伸：在幼儿操作材料中画一画自己设计的瓶子娃娃。
★ 区域活动：活动可以放在美工区中继续进行，鼓励幼儿用不同的方式装饰、制作。

29 好玩的报纸（体育）

活动目标

1. 练习走、跑、跳（双脚跳）等基本动作。
2. 对自主玩报纸活动感兴趣，大胆探索、发现各种新玩法，体验愉快情绪。

活动准备

1. 经验准备：幼儿在区域中使用过报纸，如美工区的报纸盖印画等。
2. 物质准备：
（1）报纸若干。
（2）哨子、音乐等。

活动过程

1. 开始部分。
◆ 幼儿手拿报纸，在音乐声中有精神地入场。
◆ 幼儿在教师的带领下，听着音乐手拿报纸，有精神地做操（自编报纸操）。
2. 基本部分。
（1）有趣的报纸条。
◆ 幼儿将报纸折成细长条。
◆ 游戏：过小桥。
◆ 将若干报纸条顺着排。幼儿从报纸小桥上通过。
教师：我们一起来玩过小桥的游戏吧！有的小桥中间还有空当，一定要小心哦，不要让自己掉进小河。
◆ 游戏：小兔跳跳。
◆ 将若干报纸条横着排，两条之间间隔 30 cm。幼儿双脚跳过报纸条。
教师：大家一起来学小兔，跳过报纸条吧！

（2）有趣的报纸球。

- 幼儿将报纸条揉成报纸球。

  教师：报纸球可以怎么玩呢？

- 幼儿用报纸球自由游戏。（自抛自接报纸球、头顶报纸球、双腿夹报纸球走、投报纸球等）
- 交流分享不同玩报纸球的方法。幼儿再次游戏。

（3）接力游戏：有趣的报纸。

- 玩法：幼儿分成若干组，每组人数相等。每组第一名幼儿先走过报纸小桥，再跳过若干障碍（报纸条），最后双腿夹报纸球走到对面的终点后，用身体顶着报纸跑回起点处，第二名幼儿出发……

3. 结束部分。

- 将大报纸连续铺在地面上，幼儿在报纸上自由翻滚。

活动建议

★ 活动延伸：可将此活动延伸至晨间锻炼或体育游戏中。

★ 家园共育：引导家长利用生活中的旧报纸和幼儿共同制作，并进行创新游戏，鼓励幼儿将自创的游戏带到幼儿园和同伴分享玩法。

30 包装袋大变身（半日活动）

活动目标

1. 尝试用包装袋制作环保服装。
2. 能大胆跟哥哥姐姐表达自己的设计想法，体验和他们一起制作的快乐。
3. 感知不同包装袋的制作材料，并知道其材料的特点。

活动准备

1. 经验准备：有与大班幼儿共同活动的经验。
2. 物质准备：

（1）师幼共同收集自己最喜欢的包装袋。

（2）事先与大班老师联系，确定活动时间、地点等。

（3）剪刀、胶棒、双面胶、水彩笔、炫彩棒。

（4）各种装饰彩纸，贴纸。

活动过程

1. 展示包装袋，引起幼儿兴趣。
- 教师：这两天老师和小朋友收集了很多漂亮的、自己喜欢的包装袋，一起来展示一下吧。
- 教师：这么多漂亮的包装袋，你最喜欢哪一个？为什么喜欢它？
- 教师：你们知道这些包装袋都是用什么材料做的吗？（请幼儿摸一摸，撕一撕）
- 师幼小结：布袋软软的，很结实，可以反复使用；纸袋容易撕破；塑料袋防水，但是会污染环境。

2. 小小服装设计师。
- 教师：这么多漂亮的包装袋扔了很可惜，有的还会污染环境。大班哥哥姐姐想到了一个好办法，我们一起来看一看吧！
- 个别大班幼儿展示包装袋制作的服装。
  教师：这些包装袋被哥哥姐姐变成了漂亮的衣服。今天请你们也来做服装设计师，用包装袋为自己设计、制作一件衣服。
- 制作要求：和哥哥姐姐一起商量，并制作完成；能大胆跟哥哥姐姐表达自己的设计想法；有困难请哥哥姐姐帮忙解决。
- 幼儿动手设计、制作，教师巡视指导。（可以到大班教室里完成此活动的制作部分）

3. 时装秀。
- 幼儿穿上自己制作的服装跟大班哥哥姐姐一起随着音乐走上场。
- 表演结束，收拾整理。
- 教师小结：我们把不用的包装袋变成了漂亮的服装。很多看上去没有用的东西，经过我们的改造，变成了有用的东西。我们都可以去尝试变废为宝，变废为宝能让我们节约资源！

活动建议

★ 活动延伸：制作的服装可以放在音乐区供幼儿创造性游戏时继续使用。

区域游戏

区域名称	游戏名称	材料和指导要点
美工区	桌面垃圾桶	材料：4个纸质纸巾盒；水彩笔、铅画纸 指导要点：设计垃圾分类图标，画好后剪下来粘贴在纸巾盒上。如放废纸的、放果皮的等
	小小设计师	材料：透明背心袋（底边剪开）、衣架、压花；各种彩纸、铅画纸、水彩笔、剪刀、双面胶等 指导要点：将背心袋挂在衣架上，用彩纸或压花粘贴装饰，制作小围裙。作品完成后可给自己或同伴穿上
	折纸衣服	材料：收集的各种广告纸；幼儿操作材料1《折纸衣服》 指导要点：对于折纸过程中的重点、难点，要适当增加示范次数
建构区	我喜欢的……	材料：增添各种形状的盖板、果奶瓶、小易拉罐、自制的树、路灯等辅助材料 指导要点：引导幼儿搭建各种桥梁和有特色的建筑物，如幼儿园的大楼、紫峰大厦
科学区	听一听，猜一猜	材料：可打开的、相同的塑料茶叶罐若干；各种可装在罐内的小物品，如小木珠、芸豆、铃铛、海绵块等；相应的物品图片（小木珠、芸豆……）一组；表示声音大、小、无声的图标一组 指导要点： • 层次一，摇一摇、听一听内装材料的罐子发出的声音，猜测其所装的材料，并与图片匹配 • 层次二，自己寻找教室内合适的材料装进空的罐子内，猜测其所发出的声音大小，与音量图标匹配并验证
阅读区	绘本阅读	材料：绘本《垃圾哪里去了》 指导要点：引导幼儿阅读，重点关注不同的垃圾去了哪里
数学区	小小送货员	材料：各种大小的包装盒、自封袋若干；一部分贴有数字或点子标签（8以内），一部分为空白标签；小玩具、饰品、塑料胶粒若干；货架两个（分别在每一层贴有不同数量的标记） 指导要点： • 层次一，幼儿根据包装盒上的数量标签装入相等数量的物品，并将包装盒放到相应的货架上 • 层次二，幼儿自己选择相应的物品装入自封袋中，点数出数量，在空白标签上记录下数量，并放到相应的货架上
	数一数	材料：不同高矮、用彩纸装饰起来的纸筒（颜色相同和颜色不同的两种）、同种饮料瓶（装有不同高度的彩色水和无色的水）等（数量在7以内） 指导要点： • 层次一，能根据物体的高矮在排序板上将纸筒或饮料瓶里的水正确地进行正逆排序（采用颜色相同的以降低干扰） • 层次二，将不同颜色的纸筒或装有不同颜色水的饮料瓶按照高矮排序

续　表

区域名称	游戏名称	材料和指导要点
生活区	筷子夹物	材料：各种大小、颜色不同的豆子（白芸豆、花豆、蚕豆、花生）；小塑料串珠粒、海绵、雪花胶粒；幼儿使用的短小筷子、辅助练习筷子；小沙漏 指导要点： • 层次一，根据自己使用筷子的能力和兴趣爱好选择相应的筷子和材料，进行夹取动作的练习 • 层次二，在一定时间里（使用沙漏），根据要求夹相应的材料

垃圾分类
LAJI FENLEI

大班

第一主题　我们周围的垃圾

主题背景

　　在幼儿园丰富多彩的学习与生活中,孩子们养成了很多良好的卫生习惯。"我们要保持教室和幼儿园环境的整洁。""不乱扔垃圾。"……大班的孩子已经有了爱护环境的意识。幼儿园里,孩子们会在活动后和老师一起收拾各种垃圾,如区域活动后产生的垃圾,午餐、点心后产生的垃圾……每天在孩子们的身边会产生很多垃圾。除了教室、幼儿园,还有哪里会产生垃圾呢?这些垃圾会对我们的生活和身体产生哪些影响呢?

　　在这个主题中,孩子们将带着自己的问题,通过调查、统计、和爸爸妈妈共同查阅资料等方式进行了解和探索,为接下来的垃圾分类做好准备。

主题目标

1. 了解不同的地方会产生不同的垃圾,感知垃圾与我们日常生活的关系。
2. 知道周围的垃圾给我们生活的环境和身体带来的危害,激发幼儿保护环境的意识和初步的责任感。
3. 能大胆、连贯地表达自己对垃圾的认识,积累相关生活经验。

主题实施路径表

集体活动	日常活动	环境创设	家园联系	区域游戏
1. 我家的垃圾（社会） 2. 垃圾从哪里来（社会） 3. 幼儿园里的垃圾（综合） 4. 清理垃圾（体育） 5. 少用塑料袋（综合）	● 日常渗透 收集家中废旧物品（洗衣液瓶、饼干盒等），处理干净带到幼儿园放入游戏区域中 ● 餐前活动 1. "我是垃圾清理员"每日播报（在家如何帮助大人清理垃圾、清理了什么垃圾等） 2. 观看"环保小卫士"系列动漫《欧力牛和迪瑞羊》 ● 户外活动和散步 1. 午间散步时在园舍中寻找垃圾集中摆放的地方，方便在园里活动时丢垃圾 2. 根据季节，观赏幼儿园里植物的变化，有掉落的小树枝和树叶可以捡回教室，处理干净后放入区域中使用	1. 将幼儿在家中"清理垃圾"的照片布置成海报墙 2. 将幼儿在家中和幼儿园调查的关于垃圾来源的记录单和汇总表布置成海报墙	1. 收集各种关于垃圾分类的绘本、可回收利用的废旧物品等 2. 在家中尝试和幼儿一起进行垃圾分类，制作分类标记粘贴在垃圾桶上 3. 外出时，家长有意识地引导幼儿观察周围垃圾桶的特点和上面的标志	● 美工区 "小小卫生检查员"徽章设计 ● 益智区 快乐纸牌 ● 语言区 关于垃圾分类、环保主题的绘本 ● 数学区 教室里的垃圾统计

1 我家的垃圾（社会）

活动目标

1. 知道自己家中不同的地方会产生不同的垃圾。
2. 认真倾听同伴的发言，能根据讨论的话题，有目的地补充发言。
3. 知道每天要及时清理家中的垃圾，感受家人劳动的辛苦。

活动准备

1. 经验准备：
（1）幼儿有在小组中介绍的经验。
（2）关注过自己的家庭生活及家务劳动。
2. 物质准备：
（1）教师事先拍摄一段自己在家中收拾垃圾的视频。
（2）幼儿事先完成调查记录单，幼儿操作材料2《我家的垃圾》。

活动过程

1. 看视频，引起幼儿的兴趣。
   - 教师：昨天老师在家做了一件事情。看一看，我做了什么事情呢？
   - 观看视频。

   教师：视频中我做了哪些事情？（收拾家中的垃圾。有的垃圾来自卧室，有的垃圾来自书房，有的垃圾来自卫生间……这些垃圾中有空牛奶盒、用过的卫生纸，还有瓜果皮等）

2. 幼儿分小组讨论、交流：你们家里哪些地方有垃圾，分别是什么垃圾。
   - 教师：你们家里哪些地方有垃圾？都是什么垃圾呢？
   - 幼儿拿出操作材料，分小组交流各自的调查记录单。

3. 师幼共同交流分享。
   - 请各小组代表在集体中分享调查结果。

   教师：每一个地方都会产生垃圾，仔细听一听别人的发言，把你知道的不同的答案告诉大家。
   - 教师用图标的形式将幼儿的调查结果记录在前面的白板上。

4. 延伸讨论，引导幼儿感受家人的辛苦，愿意分担家庭劳动。
   - 教师：原来，我们一个家庭就能产生这么多不同类型的垃圾。一个城市有那么多家庭，每天会产生多少垃圾呀？
   - 教师：家里的这些垃圾每天都是谁在收拾？我们在家里可以做哪些事情，关心这些辛苦的家人呢？
   - 师幼小结。

活动建议

★ 家园共育：鼓励幼儿在家做一些力所能及的家务；建议家长给幼儿讲一讲垃圾分类处理的知识。

2 垃圾从哪里来（社会）

活动目标

1. 知道日常生活中会产生各种各样的垃圾，初步感知垃圾对人类生活的影响。
2. 能在小组讨论时大胆交流自己调查的结果和已有经验。

活动准备

1. 经验准备：
（1）提前了解过绘本《揭秘垃圾》的大概内容。
（2）已完成幼儿操作材料上的调查表《我家的垃圾》。
2. 物质准备：
（1）勾线笔、纸。
（2）短视频《垃圾的产生》。
（3）幼儿操作材料2《垃圾从哪里来》，人手一册。

活动过程

1. 回忆餐前活动中师幼共同阅读的绘本《揭秘垃圾》，引起幼儿的兴趣。
◆ 教师：还记得前两天我们一起阅读的《揭秘垃圾》吗？书里说到了哪些关于垃圾的有趣的事情？
2. 提出问题，师幼共同讨论。
◆ 教师：你认为什么是垃圾？
◆ 教师：你在哪儿见过垃圾？（幼儿自由发言，教师用图标简单记录）
3. 分小组讨论。
◆ 教师：家里每天会产生哪些垃圾？（活动前调查过）除了家里会产生垃圾，还有哪些地方会产生垃圾呢？（马路、公园、幼儿园、菜场等）
◆ 提供幼儿操作材料，幼儿分组操作并讨论：哪些地方会产生垃圾？会产生哪些垃圾？（把垃圾贴纸粘贴在相应的环境中）
◆ 每个小组讨论前分工：小组发言人、记录人等。
4. 师幼共同交流分享：哪些地方会产生垃圾，产生了哪些垃圾。
◆ 教师：每组请一位小朋友跟大家分享、交流你们小组讨论的结果。（教师用图标进行记录）
◆ 教师：原来在我们的身边，这么多地方会产生各种各样的垃圾。
5. 观看短视频《垃圾的产生》。
◆ 教师：看了这些视频，面对各种各样的垃圾，你们有什么想法？
◆ 幼儿自由表述自己的想法。（如不乱扔垃圾、减少垃圾、垃圾分类等）

活动建议

★ 区域活动：将绘本《揭秘垃圾》放在语言区供幼儿阅读，丰富有关"垃圾"的知识。

★ 家园共育：请家长带幼儿外出时关注不同的地方产生了哪些不同的垃圾，激发幼儿保护环境的愿望和行为。

3　幼儿园里的垃圾（综合）

活动目标

1. 调查并了解幼儿园各个部门、班级里每天产生的垃圾。
2. 能与同伴共同完成任务，体验合作成功的愉悦。
3. 能用多种方法记录自己的调查结果。

活动准备

1. 经验准备：有过调查记录的经验。
2. 物质准备：

（1）事先拍摄的幼儿园的垃圾桶（内装有垃圾）照片。

（2）幼儿操作材料2《幼儿园里的垃圾》《我是卫生检查员》，人手一册；勾线笔，人手一支。

（3）大记录表一张，贴有幼儿园里各部门的照片。

（4）事先跟幼儿园各部门的老师约定好活动时间，保证幼儿的调查活动正常开展。

活动过程

1. 出示照片，由谈话引起幼儿的活动兴趣。

◆ 出示幼儿园垃圾桶的照片。
　　教师：这是哪里？幼儿园怎么会有这么多垃圾？哪里会产生垃圾呢？

◆ 幼儿自由发言，说说自己日常的观察。

2. 幼儿分工，结伴实践调查活动。

◆ 教师：幼儿园里有哪些部门？（各个班级、保健室、会计室、资料室、厨房、传达室等）这些地方会产生什么垃圾呢？

◆ 提出活动要求：幼儿结伴到自己想去调查的部门；有礼貌地向各部门的老师提出问题；用自己的方式记录调查结果；调查过程中注意安全，不在楼道或楼梯上奔跑。

◆ 幼儿带上操作材料、勾线笔，自由结伴进行调查活动。

◆ 本班教师在不同的地方守候，及时解决幼儿调查过程中出现的问题。

3. 交流分享：我了解的幼儿园的垃圾。

◆ 幼儿展示自己的记录表并介绍记录内容。

◆ 各小组请代表发言，介绍自己小组的调查结果。

◆ 教师将幼儿的调查结果写在大记录表中。

◆ 师幼小结：在幼儿园里，我们的班级会产生各种各样的垃圾，其他各部门、各办公室也会产生不同的垃圾。厨房会有菜叶、骨头，教室里会有小朋友擤鼻涕、擦汗扔掉的纸巾，老师的办公室会有废纸等。可是我们的幼儿园依然那么干净整洁，因为我们身边的每一个人都会爱护幼儿园的环境。

活动建议

★ 活动延伸：继续在幼儿园里调查、统计当天没有调查到的地方。

★ 区域活动：在美工区提供幼儿操作材料2《我是卫生检查员》，各自设计一个徽章，剪下来贴在胸前或手臂上，做一名小小卫生检查员，去巡查各个班级的卫生情况。

4 清理垃圾（体育）

活动目标

1. 练习手脚协调地钻、爬、平衡，发展身体的柔韧性。
2. 乐于与同伴合作进行接力游戏，感受游戏带来的快乐。
3. 在游戏中知道要及时清理垃圾、保护环境。

活动准备

1. 经验准备：有过接力跑游戏的经验。
2. 物质准备：

（1）长方形箱子若干（高度最好不超过30 cm），箱底可以铺一块蓝色的布，放不同的垃圾（如饮料罐、纸盒、瓶盖、吸管等）。

（2）小渔网、小筐每组一套；平衡凳、拱形门、垫子若干。

（3）游戏的音乐和放松的音乐。

活动过程

1. 幼儿随教师跑步进入活动场地。
- 做热身操。(教师自编操节:摆动上肢、下蹲、踢腿、体侧、弯腰等)
2. 介绍游戏情境,激发幼儿游戏的兴趣。
- 教师:铺有蓝布的长方形箱子代表美丽村里的小河,可是现在里面都是垃圾,请大家一起来帮忙清除垃圾。
- 游戏玩法:幼儿分组站在起点线后准备。听到指令后,幼儿需要钻过山洞(拱形门)、爬过草地(垫子)、走过小木桥(平衡凳)、跑到小河(箱子)边,用小渔网在小河里捞起一件垃圾,放在河边的小筐里,然后跑回起点,拍第二名幼儿的手后,第二名幼儿开始接力游戏。游戏中会播放音乐,当音乐停止时,捞到的垃圾最多的小组获胜。
- 幼儿游戏。根据幼儿的兴趣,可以重复进行游戏。
3. 幼儿坐在垫子上随音乐做放松动作。
4. 共同收拾场地上的所有物品。

活动建议

★ 活动延伸:在日常活动中引导幼儿相互提醒及时收拾班级里的垃圾,保持一个干净整洁的环境。

5 少用塑料袋(综合)

活动目标

1. 知道塑料袋给生活带来便利的同时也会造成白色污染,给环境带来危害。
2. 了解减少使用塑料袋的意义,萌发保护环境的意识。
3. 能积极参与自制环保购物袋的活动,体验创作的乐趣。

活动准备

1. 经验准备:幼儿在日常生活中有使用塑料袋的经验。
2. 物质准备:
(1)塑料袋一个。
(2)生活中使用塑料袋的照片、图片,塑料袋危害环境的视频。

（3）白色布质、纸质购物袋若干，彩色油性笔、丙烯颜料等绘画工具和材料。

（4）幼儿阅读材料2《身边的白色污染》，人手一册。

活动过程

1. 出示塑料袋，引发幼儿的讨论。
- 教师：这是什么？你在哪里见过？它有什么用处？
2. 回忆已有经验，了解塑料袋给人们生活带来的便利。
- 教师：你使用过塑料袋吗？是在什么时候用的？
- 观看生活中使用塑料袋的照片、图片。
  教师：塑料袋可以帮我们装很多东西，也可以帮助我们储存很多东西，给我们的生活带来了方便，而且价格便宜、随处可见。
3. 观看视频和幼儿阅读材料中的图片，了解塑料袋的危害。
- 教师：我们使用过的塑料袋会去哪里呢？你们是怎么处理使用过的塑料袋的？
- 观看塑料袋危害环境的图片和视频。
  教师：看了这些图片和视频，你有什么想法？（幼儿自由讨论、交流）
- 教师小结：虽然塑料袋给我们的生活带来了便利，但是它的危害也很大。到处散落的塑料袋破坏生态环境，如进入土壤的塑料袋不易分解腐烂，影响农作物的生长；误食了塑料袋的动物轻则消化不良，重则窒息而死。所以废弃的塑料袋及其他塑料制品被称为"白色污染"。
4. 讨论：如何减少塑料袋带来的危害。
- 幼儿结合已有的经验，讨论减少塑料袋危害的方法。（少用、不用塑料袋；循环使用塑料袋；不乱扔塑料袋；尽量使用可降解塑料袋；在日常生活中多使用布质、纸质的购物袋，或使用竹制的菜篮子等）
5. 自制环保购物袋。
- 幼儿自选布质、纸质的购物袋，用自己喜欢的方式进行绘画装饰。

活动建议

★ 日常渗透：教师带领幼儿在幼儿园（或请家长带领幼儿在家）开展一个问卷小调查，如什么时候会用到塑料袋，每天班级（家中）会用到多少个塑料袋，怎样减少使用塑料袋等，进一步认识到塑料袋给人们生活带来便利的同时，也会造成很多的危害，想办法减少使用塑料袋，用实际行动保护环境。

★ 区域活动：在美工区继续投放各种纸质、布质材料和其他装饰、辅助材料，支持幼儿设计制作环保袋。

区域游戏

区域名称	游戏名称	材料和指导要点
美工区	"小小卫生检查员"徽章设计	材料：白色卡纸（40 mm×40 mm）、水彩笔、炫彩棒、各种图案的贴纸、剪刀、胶棒、双面胶 指导要点：能根据自己的想法设计、绘画出徽章，并用剪刀沿边剪下来
益智区	快乐纸牌	材料：纸牌一套（有缺失的废旧纸牌） 一、比大小 指导要点：两人各拿10张牌（1~10），轮流出牌，谁出的牌大，谁就把对方的牌吃掉。如出的牌一样大，则各自收回再重新出一张，最后谁手上的牌多谁就是胜利者 二、接龙 指导要点：两人各拿10张牌，轮流出牌，谁出的牌与前面出的数字相同，就将相同数字及它们之间的牌全部收回，然后由对方继续出牌接龙
语言区	关于垃圾分类、环保主题的绘本	材料：有关垃圾分类、环保主题的绘本，故事盒、故事视频等（巧虎） 指导要点：自主阅读绘本或听故事；能根据自己对绘本的理解，画一画其中最喜欢的一页故事内容
数学区	教室里的垃圾统计	材料：统计表格、勾线笔等 指导要点：每天统计一次教室里各个区域产生多少袋垃圾，将数量填在表格中，一周结束时数一数一共有多少袋

第二主题　垃圾分分类

主题背景

　　保护环境是全世界的共同话题，为了让地球更健康、更美丽，我国正积极开展垃圾分类活动，我们周围的社区、街道、校园里……到处都设置了垃圾分类桶，它们都有属于自己的颜色和标志，分别是不同垃圾的家。"红色的是什么垃圾桶？""为什么吃不掉的东西要放进这个垃圾桶里呢？""有害垃圾都有哪些？"……孩子们面对各种各样的"新装备"，产生了许多新问题。

　　本主题从幼儿在现实中的新发现和新问题出发，进行了一系列的相关活动，从认知到实践层层递进。幼儿在主题中提出自己的问题，对生活中的各类垃圾展开调查、讨论和分析，探寻关于垃圾分类的秘密。

主题目标

1. 初步了解生活中垃圾的分类方法，知道垃圾分类在生活中的广泛应用。
2. 乐于寻找生活中常见的关于垃圾的标志，感知垃圾收集与分类等各种标志的丰富性。
3. 了解垃圾分类，能大胆、清晰地提出自己的困惑和建议；能用较完整的语言介绍自己调查、记录的内容。

主题实施路径表

集体活动	日常活动	环境创设	家园联系	区域游戏
● 线索一："垃圾分类"我知道 6.垃圾标志找一找（一）（社会） 7.垃圾标志找一找（二）（综合） 8.有趣的垃圾分类标志（综合） 9."垃圾分类"我知道（一）（综合） 10."垃圾分类"我知道（二）（综合） 11.各式各样的垃圾桶（综合） 12.单数双数（数学） ● 线索二：可回收物和厨余垃圾 13."可回收物"我知道（综合） 14."厨余垃圾"我知道（综合） 15.小菜皮的旅行（语言） 16.拔根芦柴花（音乐） 17.我发明的厨余垃圾处理器（综合） 18.垃圾桶有多高（数学） ● 线索三：有害垃圾和其他垃圾 19."有害垃圾"我知道（综合） 20."其他垃圾"我知道（综合） 21.拯救垃圾中转站（体育） 22.垃圾分类宣传海报（美术）	● 日常渗透 1.分享自己的调查表，交流在家里发现的生活垃圾，如可回收物、厨余垃圾、其他垃圾、有害垃圾等 2.开展"垃圾知识知多少"的小主播活动 3.交流讨论：在幼儿园里发现身边的有害垃圾，该怎么办 ● 餐前活动 1.参观幼儿园的厨房，进一步了解厨余垃圾 2.追踪调查：厨房的厨余垃圾去哪里了 3.利用喜马拉雅等APP听关于垃圾分类的故事 ● 户外活动和散步 1.观察幼儿园里哪里有垃圾，是谁制造的 2.交流自己了解到的关于垃圾分类的问题	1.将幼儿的调查记录、收集的相关资料或幼儿关于垃圾分类的疑惑装订成小书，丰富主题区角，便于相互交流分享 2.设计、建造可回收物交流台，收集各种可回收物用于再创作 3.布置"我发明的厨余垃圾处理器""我设计的多功能垃圾车"展览 4.收集相关图书，如《垃圾历史书》《垃圾箱里的怪物》《城市的运转》等，同幼儿自己创编的关于垃圾分类的故事小书一起放置于图书区供大家自主时间翻阅	1.关注生活中的各种垃圾，观察小区的垃圾车及保洁员的工作，并进行初步的调查 2.亲子阅读绘本：《揭秘垃圾》 3.留意家中的可回收物，并了解哪些废旧物品可以在生活中再利用，和幼儿一起收集一些可回收做玩具的"垃圾" 4.征集有"再生资源回收中心"的资源的家长，请进来或联系走出去 5.引导幼儿参与到每日生活中的择菜、洗菜、收拾餐桌等简单的劳动环节，对厨余垃圾有初步的实践感知 6.有意识地引导幼儿探究关于"垃圾分类"的更多问题，进一步了解身边的有害垃圾及科学的垃圾处理方法 7.和幼儿共同思考关于"垃圾分类"的宣传海报的设计意图 8.配合幼儿收集一些运动会所需的自制材料项目的废旧物品	● 益智区 垃圾连连看 垃圾消消乐 垃圾分类棋 垃圾进桶高尔夫 ● 语言区 自制"垃圾"故事小书 骰骰乐 阅读相关绘本 创编、续编欣赏过的绘本 ● 科学区 废纸风车转起来 ● 建构区 垃圾处理站 ● 美工区 垃圾分类桶 垃圾分类回收包 垃圾分类宣传海报

线索一:"垃圾分类"我知道

6　垃圾标志找一找(一)(社会)

活动目标

1. 积极寻找身边的关于垃圾的标志,初步感知垃圾收集的标志与我们生活的关系。
2. 能大胆猜测相关标志的含义,并感受这些标志及图案的简洁形象。

活动准备

1. 经验准备:
   (1)与家人观察、寻找过身边的关于垃圾的标志。
   (2)在班级相互交流过对于身边的垃圾的感受、认识。
2. 物质准备:
   (1)选择幼儿园附近、社区、公园或一条街道等作为调查路线。
   (2)幼儿操作材料2《垃圾标志找一找(一)》,人手一册;记录笔,人手一支。

活动过程

1. 谈话导入活动,激发幼儿寻找标志的兴趣。
   ◆ 教师:日常生活中人们会制造出很多的垃圾,但这些垃圾并没有影响到人们的生活,因为大家都知道要爱护环境。有的小朋友发现,在我们的周围有很多标志,哪些标志与我们干净整洁的生活环境相关呢?我们今天就去找一找这些跟垃圾有关的标志,看一看,你能找到哪些标志?你认识这些标志吗?它们代表什么意思?
   ◆ 讨论外出寻找标志的安全问题:跟好队伍;走在人行道上;找到相关标志时,先确定所站的地方是否安全,再进行记录。
2. 寻找相关标志,并在幼儿操作材料上作简单记录。
   ◆ 在沿途经过的地方,师幼边寻找边讨论:这个标志是什么样的?它表示什么意思呢?为什么在这个地方会有这样的标志?它想告诉我们什么?如果没有这样的标志会怎么样?
   ◆ 教师为幼儿和找到的相关标志合影,进一步激发幼儿寻找标志的积极性。
   ◆ 幼儿根据自己的发现,选择几个感兴趣的标志记录在调查表上。

3. 回班回顾找到的标志。
◆ 看寻找过程中的照片或记录单。
◆ 师幼共同小结：我们发现了有关垃圾的不同标志，有的标志是提醒大家"垃圾要扔进垃圾桶"，有的标志是表示不同类型的垃圾，如厨余垃圾、有害垃圾等。我们要学会看懂各种不同的标志，才能更好地处理生活中的各类垃圾。

活动建议

★ 教学变式：可以让幼儿将找到的标志画下来，回班后再进行讨论。
★ 活动延伸：利用图片或幼儿的绘画进行回访，帮助幼儿梳理有关"垃圾分类"的知识。
★ 家园共育：带幼儿外出或散步时，引导其留意观察身边的垃圾标志。

7 垃圾标志找一找（二）（综合）

活动目标

1. 能用完整的语言介绍自己调查、记录的内容，如"我在××地方发现了××标志，它是……样的"。
2. 对垃圾收集、分类等相关标志感兴趣，能倾听同伴的发言并作适当的补充。
3. 乐于寻找生活中常见的关于垃圾的标志，进一步感受垃圾分类在生活中的推广和应用。

活动准备

1. 经验准备：
   （1）教师事先引导幼儿关注身边环境中的各种标志（尤其在垃圾桶附近）。
   （2）家长带领幼儿找一找关于垃圾的标志，并用相机记录下来；幼儿回家后将看到的标志画下来，家长帮助记录幼儿对这些标志的认识与理解。
2. 物质准备：投影仪，记录表（张贴在展板上）。

活动过程

1. 回顾已有经验，激发幼儿对垃圾标志的兴趣。
◆ 教师：前几天我们在幼儿园周围发现了跟垃圾有关的标志，有哪些标志？（教师出示和幼儿一起找到的几种垃圾的标志）

- 教师：我们是在哪里发现的？为什么要在垃圾桶上或者在垃圾桶的附近贴呢？
- 师幼小结：这些标志提醒我们，垃圾不能乱丢，不同的垃圾要丢到不同的地方。

2. 谈谈、说说"自己找到的关于垃圾的标志"，初步感知多种垃圾标志。
- 教师出示展板：这是大家在其他地方找到的一些关于垃圾的标志。你是在哪里发现的这个标志？
- 教师将幼儿的记录表放在投影仪下面，鼓励幼儿大声地、较完整地介绍自己的发现：我在××地方找到了××标志，这个标志是×颜色（形状、图案等）的。
- 幼儿两两结伴，交流各自记录表上的内容，进一步扩展经验，满足介绍、讲述的愿望。

3. 提出问题，引发幼儿探究垃圾分类的兴趣。
- 教师：刚才小朋友的调查表中都出现了一些相同的标志，说明了虽然我们生活的小区不同，但是对于垃圾处理的要求是相同的。这些标志告诉我们，垃圾需要根据这些标志进行分类摆放。
- 教师：为什么垃圾需要分类摆放？（幼儿根据自己的生活经验自由发表意见）
- 教师：因为垃圾分类之后通过进一步加工、处理，不仅减少对环境的污染，还可以变成对我们有用的东西。垃圾分类是一件很重要的事情，对我们以及周围的所有人都会有很大的帮助。你现在对于垃圾分类还有什么问题吗？

活动建议

★ 教学变式：教师可以事先带幼儿一起商量找标志的地点，幼儿也可以根据自己的兴趣选择地点和家长一起找一找，并记录下来。

★ 活动延伸：展览幼儿的记录表，供幼儿进一步交流，丰富相关的经验。也可以订成本子供幼儿在区域活动中翻看。

★ 日常渗透：在日常活动中，继续鼓励幼儿多观察，补充相关经验并做记录。

8 有趣的垃圾分类标志（综合）

活动目标

1. 能根据垃圾分类标志的图案和颜色来理解"可回收物""厨余垃圾""有害垃圾""其他垃圾"的含义。
2. 初步感知生活中的垃圾怎么分类，知道垃圾分类在生活中的广泛应用。
3. 愿意参与到日常的垃圾分类活动中。

活动准备

1. 经验准备：在日常生活中寻找、观察过垃圾分类的标志。
2. 物质准备：

（1）"可回收物""厨余垃圾""有害垃圾""其他垃圾"的标志图片一套。

（2）幼儿操作材料2《有趣的垃圾分类标志》，人手一册。

活动过程

1. 观察、发现垃圾分类标志的图案与底色的不同及含义。

◆ 教师（出示"可回收物"的标志）：你们认识这个标志吗？在哪里见过？

◆ 教师：它告诉我们什么意思呢？你从哪里看出来是这个意思？

◆ 教师（出示"厨余垃圾"的标志）：这个标志表示什么？你是怎么看出来的？

2. 自主探究，进一步发现垃圾分类标志的不同及含义。

◆ 教师：除了刚才我们了解到的"可回收物"和"厨余垃圾"，你还知道有哪些垃圾的分类呢？

◆ 教师将"有害垃圾"和"其他垃圾"的标志分别放置两组，幼儿自主选组讨论其图案及含义，然后交换。

◆ 小结：刚才我们发现了这四种图案的颜色不同，图案所表示的含义也不同，它们就像是一个个不说话的环卫工人，告诉我们哪个桶里该放什么垃圾。

3. 小游戏"垃圾找家"，初步讨论生活中常见物品的分类。

◆ 教师出示幼儿操作材料，指导幼儿将垃圾小图标剪下备用。

教师：快来，快来，帮帮我，我该回到哪个家？（引导幼儿将垃圾小图标放于其中一类标志的下方，并说出理由）

◆ 幼儿结伴帮助垃圾小图标"找家"。

◆ 师幼共同检查，各自说说这样分的理由。如有异议的，教师将其拿出，放在一边，鼓励幼儿回去调查取证，找到答案后做进一步讨论与分类。

活动建议

★ 活动延伸：将收集到的相关内容整理投放到益智区，供幼儿相互交流。

★ 家园共育：在生活中和家人继续观察、收集相关的标志。

9 "垃圾分类"我知道(一)(综合)

活动目标

1. 初步了解垃圾分类,并针对如何分类提出自己的困惑和问题。
2. 能积极参加讨论,并用图标记下自己的困惑和问题。
3. 鼓励幼儿将自己了解到的知识传递给家人。

活动准备

1. 经验准备:
(1)幼儿已进行过关于垃圾的调查,对垃圾分类有初步的兴趣和简单了解。
(2)和家长探讨过关于垃圾分类的问题。
2. 物质准备:
(1)手偶小皮。
(2)幼儿操作材料2《"垃圾分类"我知道》《垃圾消消乐(一)(二)》,人手一册;勾线笔,人手一支。

活动过程

1. 出示手偶小皮,情境导入,引起幼儿讨论的兴趣。
◆ 教师:小皮今天怎么有点不高兴呢?你有什么心事吗?
◆ 小皮:前两天我了解了一些关于垃圾的分类,我的头都昏了!如果我分错了怎么办?如果我搞不清要放在哪一类怎么办?
◆ 教师:哦,原来小皮是为了这些事情烦恼啊!经过了之前的一些点滴了解,你有什么样的困惑和问题呢?
2. 讲述、交流问题,在幼儿操作材料2《"垃圾分类"我知道》中尝试用图标记录自己的问题和困惑。
◆ 请个别幼儿大胆提出自己的问题。
◆ 教师:对于垃圾分类,我们好像都有一些困惑和问题,那你能不能把这些问题用自己的方法记录下来,然后再针对这些问题去寻找答案呢?
◆ 讨论:如何记录自己的问题?答案记录在哪里?
◆ 引导幼儿尝试自制表格、记录问题,并将自己的问题用简笔画的形式表现出来。
◆ 鼓励幼儿用多种表格形式记录自己的问题,提醒幼儿要留有记录答案的空间。
3. 讨论、交流各自设计的记录表,探求答案的方法。
◆ 教师:谁来和大家分享一下你的问题记录表?

- 教师：我们有这么多问题，通过哪些方法才能找到答案呢？（幼儿自由讨论）
- 师幼小结：我们想到了好多方法来寻找问题的答案，如向爸爸妈妈求助、上网寻求答案、到图书馆查找资料、采访专业人士等。这些方法都不错，你们可以去尝试一下，把找到的答案记录在相应的位置，我们再一起交流。

活动建议

★ 活动延伸：回家后跟爸爸妈妈说一说关于垃圾分类的事情，问一问关于垃圾分类的问题。

★ 家园共育：家长带幼儿上网搜寻相关答案，通过不同的方法记录下来并带到幼儿园，布置在相关专栏中供幼儿相互交流、分享；将幼儿操作材料2《垃圾消消乐（一）（二）》的图片剪下来，带回家和爸爸妈妈玩一玩"消消乐"的游戏，并跟家人说一说图片上是哪类垃圾。

10 "垃圾分类"我知道（二）（综合）

活动目标

1. 能运用多种方式（如歌表演、情景剧、快板等）表现自己找到的关于垃圾分类的知识。
2. 能认真观看、倾听别的小组的汇报展示，进一步了解垃圾分类。
3. 能发现别的小组的成果和表演的精彩之处。

活动准备

1. 经验准备：幼儿事先自主结伴，商量好各自的汇演形式，并商量过用什么方式来表现所探究的问题。
2. 物质准备：
（1）师幼共同准备相关道具，幼儿用一些辅助材料装扮好自己。
（2）教师布置"垃圾分类"经验交流的舞台。

活动过程

1. 介绍活动内容，引起幼儿兴趣。
- 教师：经过了前几天的商量、准备，我们今天就要在这个舞台上把各组调研的

"垃圾分类"小知识展示给大家看。你们准备好了吗?
2. 分组进行汇报表演。
- 教师:哪组小朋友先来展示自己小组的经验呢?你们准备怎样展示?
- 幼儿按小组顺序轮流进行交流和展示。
- 鼓励幼儿安静、认真地观看和倾听,并为别人的精彩表现鼓掌。
3. 教师给各组颁发汇报奖。
- 教师:每组的汇演都进行过了,你最喜欢哪组汇报的形式和知识点,为什么?
- 结合幼儿的评价有针对性地为每个小组颁奖。

活动建议

★ 活动延伸:可以在餐前活动或语言区继续自主进行经验汇报和分享。
★ 家园共育:在家里和家人们组织一场关于"垃圾分类"的知识竞答。

11 各式各样的垃圾桶(综合)

活动目标

1. 初步感知、了解不同年代的垃圾桶的不同,感受垃圾收集和人们生活的密切关系。
2. 能大胆想象,利用废旧材料,通过卷、折、剪贴、组合等形式设计和制作自己心中的垃圾桶。
3. 进一步感受垃圾收集的好处,愿意进行垃圾分类。

活动准备

1. 经验准备:
(1)有意识地观察、了解过身边的垃圾桶,对垃圾桶的造型有初步的认识。
(2)完成小调查:我见过的垃圾桶。("调查表"见附)
2. 物质准备:幼儿阅读材料2《各式各样的垃圾桶》《我来设计垃圾桶》,人手一册;纸、笔,人手一份。

活动过程

1. 谈话:我知道的垃圾桶。
- 教师:我们在对垃圾的相关问题进行调查研究的时候,有不少小朋友发现了垃圾桶也有好多样子，大小不一。你见过什么样的垃圾桶呢？
- ◆ 教师：谁来介绍一下，你所了解到的关于垃圾桶的样子？
2. 观看幼儿阅读材料，了解、感知不同时期的垃圾桶。
- ◆ 教师：你知道最早的垃圾桶是什么样子的吗？
- ◆ 教师：很久以前人们就使用垃圾桶了。大家看一看，它们有什么不一样呢？
- ◆ 翻开幼儿阅读材料2《各式各样的垃圾桶》，观看上面垃圾桶的图片，进一步了解垃圾桶的过去与现在。（从没有盖子到有盖的，从随意选取一种容器当垃圾桶到有不同材质和分类使用的垃圾桶等）
3. 自由交流对垃圾桶的感受。
- ◆ 教师：看了这些各式各样的垃圾桶，说说你的感受。（如，带盖的垃圾桶可以阻挡垃圾味道的扩散，不同颜色的垃圾桶能清晰地分类不同的垃圾）
- ◆ 小结：每款垃圾桶在不同时期都发挥着重要的作用。我们每个人家里也有着不同的垃圾桶，合理收集好身边的垃圾，我们的生活才会变得更干净、更整洁。
4. 继续翻看幼儿阅读材料2《我来设计垃圾桶》中的图片，进一步感知垃圾桶的不同造型，尝试设计垃圾桶。
- ◆ 教师：你觉得哪个垃圾桶最特别、最能吸引人，为什么？
- ◆ 幼儿大胆构想自己心中的垃圾桶。
- ◆ 教师：如果你是设计师，你会把垃圾桶设计成什么造型？
5. 展示幼儿的设计作品，相互欣赏、评价。
- ◆ 鼓励幼儿介绍自己设计的垃圾桶，并说说对同伴作品的看法。

活动建议

★ 活动延伸：收集各种废旧材料，让幼儿根据设计图制作垃圾桶。

★ 日常渗透：利用一日生活中的环节，请幼儿说说自己的发现。

★ 区域活动：在美工区提供废旧物品，支持幼儿继续设计、制作不同形状和功能的垃圾桶。

★ 家园共育：和爸爸妈妈一起查资料，拓展关于垃圾桶的知识，可以带到班上和同伴分享；和爸爸妈妈一起利用家里的废旧材料设计、制作垃圾桶。

【附调查表】

"我见过的垃圾桶"调查表

地点					
垃圾桶的样子					

备注：幼儿用绘画的方法记录自己在哪些地方找到了什么样的垃圾桶。

12 单数双数（数学）

活动目标

1. 理解单、双数的含义，能区分10以内的单、双数。
2. 能清楚地陈述操作结果，尝试探索出单、双数的规律。

活动准备

1. 经验准备：能正确感知10以内的数量。
2. 物质准备：
（1）带磁铁的圆片，红色（有害垃圾标志）6个，蓝色（可回收物标志）7个，数字卡片（7、8、9、10）若干。
（2）贴有生活垃圾小图片的瓶盖若干，水彩笔、记录纸人手一份。
（3）幼儿操作材料2《找一找单双数朋友》，人手一册。

活动过程

1. 导入活动：给圆片排排队，初步感知单双数。
  ◆ 将6个红色圆片两个两个分，引导幼儿观察、感知。
    教师：黑板上有一些圆片朋友，请你们数一数，一共有几个？这6个圆片要去散步，要求两个两个拉手一起走，谁来帮它们排排队？
    教师：6个圆片两个两个拉手了，到最后有没有剩下的？
  ◆ 7个蓝色圆片两个两个分，引导幼儿观察、感知。

教师：黑板上有一些圆片朋友，请你们数一数，一共有几个？这7个圆片要去散步，要求两个两个拉手一起走，谁来帮它们排排队？

教师：7个圆片两个两个拉手了，到最后有没有剩下的？

2. 实践操作：玩"垃圾拉拉手"游戏，引导幼儿理解单、双数的含义。

◆ 幼儿游戏"垃圾拉拉手"。

游戏规则：幼儿随机抽选数字卡片，并根据卡片上的数字，找到相应数量的瓶盖，两两拉手，看看是单数还是双数，剩下的垃圾属于哪类垃圾。将操作结果用自己的方式记录下来。

◆ 幼儿分享自己的操作结果。

将幼儿的操作结果记录单投影在大屏幕上，引导幼儿探索不同的分法可以带来相同的结果，感知、理解单双数的意义。

◆ 引导幼儿发现单、双数的规律。

教师：从记录单上你发现了什么？为什么有的数两个两个分，都找到好朋友了，一个也不剩下，而有的却总是剩下一个呢？

◆ 师幼共同小结，两个两个分，分到最后，还剩一个的数是单数，10以内的单数有1、3、5、7、9；分到最后，一个也不剩的就是双数。10以内的双数有2、4、6、8、10。

3. 完成幼儿操作材料。

◆ 幼儿完成操作材料，相互检查操作结果是否正确。

◆ 互相说一说：你分的结果是单数还是双数？分别是什么垃圾？

活动建议

★ 教学变式：若教学具有限，可以进行分组教学。

★ 活动延伸：提供不同的垃圾小图标若干，让幼儿继续练习10以内的单双数区分。

线索二：可回收物和厨余垃圾

13 "可回收物"我知道（综合）

活动目标

1. 能积极、完整地表达自己所知道的有关可回收物的经验。
2. 能大胆、清晰地提出自己的问题，有进一步了解可回收物的愿望。
3. 能认真倾听同伴的发言，尝试参与补充与讨论。

活动准备

1. 经验准备：对可回收物有初步的了解，和家人进行过相关话题的讨论。
2. 物质准备：教师使用的记录纸，幼儿带来的一些有关可回收物的图片或资料。

活动过程

1. 谈话，引出话题。
- 教师：这些天，我们都在关注关于可回收物的事情。
- 教师：谁来说说，你所了解到的可回收物？我们生活中哪些才是可回收物呢？
2. 幼儿自由介绍自己的发现和了解，教师记录幼儿的语言。
- 教师：请拿出你准备好的图片和资料一起来聊聊吧！
- 教师：你准备的这几样东西属于可回收物吗？它们有什么特点？你为什么把它（它们）分在可回收物这一类里呢？
- 教师：你知道怎样才能清楚地分辨出可回收物吗？谁能介绍小秘诀？
3. 教师设置问题情境，进一步引发幼儿对垃圾分类的讨论和探索。
- 教师：听了你们的介绍，让我又了解到了许多新的知识。我有一个困惑，想请你们帮帮忙。昨天我打碎了一个陶瓷罐子，我爸爸说："这是可回收物，还可以再次利用呢！"我妈妈说："这是碎掉的、破旧的，应该是其他垃圾。"你们知道这到底要放在哪一类里面吗？（幼儿自由讨论）
- 教师：听了大家的分析，我觉得你们说得都有道理。看来垃圾分类是一门很深的学问，大家回去还可以继续探究一下你感兴趣的这些问题，再来一起交流。

活动建议

★ 教学变式：可根据幼儿的兴趣点先进行分组交流，再进行大组交流。

★ 日常渗透：在过渡环节中和幼儿聊聊他们进一步研究的关于垃圾分类的问题。

14 "厨余垃圾"我知道（综合）

活动目标

1. 知道剩菜、剩饭、果皮、蛋壳、茶渣、鱼骨头等都是厨余垃圾。
2. 知道厨余垃圾的主要来源是厨房、餐厅、饭店、食堂等和食品加工有关的地方。
3. 对垃圾分类感兴趣，乐意与同伴交流、分享。

活动准备

1. 经验准备：
（1）饭后帮助家人收拾餐桌，观察了解厨余垃圾。
（2）对厨余垃圾有初步的感知。
2. 物质准备：
（1）幼儿操作材料2《"厨余垃圾"我知道》，人手一册。
（2）网络下载相关小视频。（如厨余垃圾有什么、为什么厨余垃圾要单独收集等）
（3）收集幼儿在家寻找、收拾厨余垃圾的视频或照片。

活动过程

1. 谈话，激发幼儿探索厨余垃圾的兴趣。
   ◆ 教师：我知道有不少小朋友在家里吃完饭后会帮助家人收拾餐桌，你有什么样的感受？
2. 共同讨论，感知厨余垃圾的特征。
   ◆ 教师：这些骨头、剩菜、剩饭是什么垃圾？这些垃圾都倒在什么地方了呢？
   ◆ 幼儿结合自己的小视频或照片以及收集到的资料，清晰地向同伴介绍；教师鼓励幼儿在倾听的过程中大胆提出自己的想法和问题。
   ◆ 教师小结：原来我们平时经常能见到的剩菜、剩饭、果皮、蛋壳、茶渣、鱼骨头等这些都属于厨余垃圾。
3. 结合视频，进一步了解厨余垃圾。
   ◆ 观看相关视频，进一步了解厨余垃圾的来源。
   ◆ 教师：你在视频中看到了哪些你感兴趣的内容？

- 师幼小结：我们知道了餐桌上产生的垃圾是厨余垃圾；厨房里发黄的菜叶、鱼鳞也是厨余垃圾；菜场、饭店、食堂等与食材或食物制作有关的地方，都会产生厨余垃圾。

4. 提出问题，引发幼儿进一步思考。

- 教师：有的小朋友发现，厨余垃圾里有水分，是潮湿的。如果厨余垃圾和别的垃圾混合在一起会发生什么？
- 教师：关于厨余垃圾，你还有什么问题？

活动建议

★ 日常渗透：将自己了解到的补充知识和同伴做进一步的交流。

★ 区域活动：将幼儿操作材料提供在美工区，供幼儿画一画生活中的厨余垃圾。

★ 家园共育：和家人聊聊相关知识，也可以一起寻找书籍中的知识或利用网络查阅资料。

15　小菜皮的旅行（语言）

活动目标

1. 尝试根据了解的厨余垃圾的危害，合理续编故事。
2. 能语句连贯、用词恰当地讲述故事，学习词汇"痛苦不堪"。
3. 初步学习迁移生活经验解决问题。

活动准备

1. 经验准备：

（1）知道厨余垃圾的来源，了解过厨余垃圾处理不当带来的危害。

（2）事先看过关于《厨余垃圾的危害》的视频。

2. 物质准备：

（1）背景图、小菜皮的图标2张。

（2）幼儿阅读材料2《小菜皮的旅行》，人手一册。

活动过程

1. 出示图片，引起幼儿听故事的兴趣。

- 教师出示背景图及两个小图标：图片上是什么？你在哪里见过它们？你知道它

们是从哪里来的吗?
- ◆ 教师:它们两个会去哪里?会发生什么事情呢?我们一起来听听它们的故事。
2. 出示幼儿阅读材料,教师讲述故事,幼儿认真倾听。
- ◆ 教师有感情地讲述一遍故事。
- ◆ 教师:主人家的管道里发生了什么?小菜皮怎么跑到管道里去了?
- ◆ 教师:厨房里的怪味是从哪里来的?为什么会有这样的味道?你在家里闻到过吗?
- ◆ 引导幼儿理解,厨余垃圾的残渣被倒进下水道里会造成管道堵塞,在密闭空间里发酵升温,不仅会散发难闻的气味,还会产生大量的有害气体,极易引起气体喷发,发生强力爆炸事故,造成人身伤亡。
3. 回忆看过的视频《厨余垃圾的危害》,根据了解的线索,合理地进行想象并讲述。
- ◆ 教师:小菜皮最后出来了吗?在它们的身上会发生什么样的事情呢?
- ◆ 幼儿分组讨论,并在小组中大胆表达自己的想法(要求语句连贯、完整地讲述)。
- ◆ 集体交流,请几位幼儿完整地续编发生的事情,其他幼儿可以合理补充。
4. 发散思维,引发幼儿续编故事的兴趣。
- ◆ 教师:还有什么厨余垃圾也会遇到像小菜皮一样的遭遇呢?怎样才能帮助它们?
- ◆ 幼儿自由想象并讲述。
- ◆ 鼓励幼儿将自己续编的故事画下来,教师帮助记录。

活动建议

★ **教学变式**:再次播放视频的重要片段,帮助幼儿进一步关注视频中的细节,更好地进行交流。

★ **区域活动**:在美工区中可以将自己续编的故事画面装订起来,做成一本小书。

【附故事】

小菜皮的旅行

潮湿闷热的下水道里,小菜皮痛苦不堪:它们身上的茎叶慢慢萎缩腐烂,发出一股很难闻的味道。

这时主人在厨房问:"你们闻到一股怪味了吗?究竟是从哪里发出来的?真让人有点受不了!"

小菜皮被牢牢地粘在了管道壁上,爬上不来,也滑不下去……小菜皮的旅行愉快吗?它们堵在下水道里会怎么样?

16 拔根芦柴花(音乐)

活动目标

1. 熟悉乐曲旋律,参照"身体动作总谱",学习用打击乐器演奏乐曲。
2. 大胆根据节奏型进行乐器的配器,并创造性地改变指挥方法,丰富演奏效果。
3. 能有意识地体会打击乐器的演奏效果,并注意自己的演奏与同伴的演奏协调一致。

活动准备

1. 经验准备:幼儿有根据节奏型为乐曲配器的经验。
2. 物质准备:打击乐器(铃鼓、碰铃、圆舞板),身体动作总谱,音乐《拔根芦柴花》。

活动过程

1. 幼儿欣赏乐曲,初步感受乐曲的节奏。
- 教师:有一种生长在南方的芦苇,当地人叫它芦柴,芦柴花的颜色多为白色。大多数人会把它当成垃圾扔掉或任其烂掉,可是却不知道它还能用来做装饰、做手工。把它放进花瓶里,芦柴花会随风舞动,唱起一首快乐的歌。有一首乐曲就叫《拔根芦柴花》,我们一起来听一听。
- 幼儿再次欣赏乐曲,教师做身体动作。
- 教师:刚才我都做了哪些动作?是怎么样的?还有什么动作没有做过?谁来补充?
2. 幼儿学习"身体动作总谱"。
- 教师放慢速度哼唱乐曲,帮助幼儿学习身体动作。
- 幼儿分声部学习"身体动作总谱"。
- 在幼儿整体模仿动作较为熟练的基础上,教师分段哼唱乐曲,用模仿动作指挥幼儿分声部做动作。
- 教师指挥幼儿分声部做动作。幼儿根据教师面向不同小组的动作暗示,迅速、准确地做出反应。
3. 幼儿探索用打击乐器演奏乐曲的配器方案。
- 幼儿自由讨论配器方案。
4. 教师出示乐器图标,共同确定配器方案。
- 幼儿用乐器进行演奏。
- 幼儿看图谱和教师的指挥进行配器演奏2—3遍。
- 引导幼儿创造性地改变配器方案,按新的方案看指挥演奏。
- 幼儿自由选择、交换乐器再次演奏。

活动建议

★ 教学变式：活动亦可以将欣赏作为第一层次，将打击乐演奏作为第二层次。

★ 活动延伸：根据幼儿的学习情况，可以增加或更换乐器种类，增加演奏的趣味性。

【附身体动作总谱】

$1=C \quad \frac{2}{4}$

欢快、活泼地

1 3	2 1̇6	1̇ 3	2 1̇6	5 53	5. 6	1̇ 2̇	2̇1̇6	1̇ 1̇2̇	2̇1̇65
X	X X	X	X X	X	X X	X	X X	X	X X
跺脚	拍手	跺脚	拍手	跺脚	拍手	跺脚	拍手	跺脚	拍手

5332	1	5 53	5. 6	1̇ 3	2̇ 1̇	6̇1̇35	6̇51̇6	5.	65
X	X X	X	X X	X	X X	X	X X	X	X X
跺脚	拍手	跺脚	拍手	跺脚	拍手	跺脚	拍手	跺脚	拍手

3535	0 6̇1̇	5335	0 65	3535	0 6̇1̇	5335	0 65	3535	6̇56̇1̇
X X	X X	X X	X X	X X	X X	X X	X X	X X	X X
拍腿		拍腿		拍肩		拍肩		拍头	

1̇ 3	2	1̇56̇1̇	3̇523	1	—	3̇ 3̇2̇	1̇2̇3̇	2̇	1̇ 6̇
X X	X X	X	X X	X	X X	X	—	X	—
拍头		跺脚	拍手	跺脚	拍手	跺脚 拍手	右手上举颤摇手腕		

1̇1̇ 6̇	5̇6̇1̇2̇	6̇ 6̇1̇	3̇ 2̇3	5. 1̇	6̇532	1	—
X	—	X	—	X	X	X	X
跺脚 拍手	右手上举颤摇手腕			跺脚 拍手		跺 拍	脚 手

配器建议：

踩脚——铃鼓（或大鼓）。

拍手——碰铃、圆鼓板（或小镲）。

拍腿、拍肩、拍头——分别为圆舞板、碰铃、铃鼓。

踩脚拍手——编制上的全部乐器。

右手上举颤摇手腕——铃鼓摇奏的同时，向外侧划大弧。

17 我发明的厨余垃圾处理器（综合）

活动目标

1. 大胆尝试，积极利用各种物品（如废旧材料、胶粒、积木等）实现自己的发明。
2. 制作过程中能积极面对遇到的问题，想办法克服困难，体验成功的快乐。

活动准备

1. 经验准备：幼儿已有相关设计的经验。
2. 物质准备：

（1）收集一些废旧材料和旧玩具（各种胶粒玩具或水管玩具）。

（2）绳子、胶枪、吸管、毛根等辅助材料。

（3）故事《鲁班造伞》，小视频《现代厨余垃圾处理器》。

活动过程

1. 听故事，引导幼儿迁移日常生活经验。

◆ 教师：古时候，有个很聪明的人叫鲁班，他发明了很多的东西。他是怎么想到发明这些东西的呢？我们一起来听听《鲁班造伞》的故事。

◆ 幼儿听故事《鲁班造伞》。

教师：鲁班有一双会发现的眼睛，他的发明帮人们解决了生活中的很多问题。

2. 交流讨论：我的发明设计。

◆ 教师：之前我们收到了小菜皮的求助信，那我们今天就来学习鲁班，帮助小菜皮发明一台能处理厨余垃圾的机器设备吧。

◆ 幼儿思考，并交流分享自己的想法。（引导幼儿大胆地用完整的语言讲述自己的想法）

3. 交流自己的设想，共同讨论改进方案。

- 教师：你有什么设计的想法（或所需要的材料）吗？和大家分享一下吧。
- 教师：你的这个设计能帮助人们什么？谁来说一说，还可以怎么帮他改进呢？
- 引导幼儿尝试将自己的想法画下来，为后面的制作提供参考。

4. 观看小视频《现代厨余垃圾处理器》，利用收集的材料进行制作。
- 教师：有一些环保科学家已经初步设计了有关厨余垃圾的处理器，我们一起来看一段小视频吧。
- 教师：刚才看了科学家的发明设计，你有新的想法吗？对于你自己的设计有什么改进吗？
- 幼儿根据自己的想法选择合适的材料动手制作。（可以单独制作，也可以小组合作完成）
- 在制作的过程中，教师根据需要帮助幼儿解决遇到的新问题或是制作中的困难。

5. 展示、介绍各自的作品，互相欣赏、评价。
- 鼓励幼儿介绍自己的作品，讲述自己的设计意图和创意，学习评价同伴的作品。
- 教师：你喜欢哪一款发明，为什么？

活动建议

★ 教学变式：可以进行分组教学和操作。

★ 区域活动：在美工区中继续设计自己的作品，也可以利用班上的材料将自己的设计制作出来。

★ 家园共育：和爸爸妈妈一起设计，并尝试利用废旧材料制作完成。

18 垃圾桶有多高（数学）

活动目标

1. 能选择合适的材料测量不同垃圾桶的高度。
2. 感知测量工具与测量结果之间的关系。
3. 能用自己的方法记录并用语言较清楚地表达测量的过程和结果。

活动准备

1. 经验准备：
（1）有过用不同量具进行测量的经验。

（2）关注过室内外不同垃圾桶的高度。

2. 物质准备：

（1）选择三种不同高度的垃圾桶（清理干净），展板。

（2）纸、笔、用于测量的各种材料（积木、冰棒棍、毛根、吸管、麻绳、尺子、回形针、胶棒、牙签等）。

（3）幼儿操作材料2《垃圾桶有多高》，人手一册。

活动过程

1. 出示三种不同高度的垃圾桶，引发幼儿的测量兴趣。

◆ 教师：你们想知道这几个垃圾桶到底有多高吗？可以用什么办法来测量？（引导幼儿迁移已有经验交流、讨论）

2. 准备测量工具。

◆ 教师：什么样的材料和工具可以测量出这个垃圾桶的高度呢？（鼓励幼儿大胆讲述）

◆ 讨论：测量时应该注意什么？

◆ 师幼共同总结：量的时候要从起点开始、沿直线测量，测量工具要首尾相接等。

◆ 教师：我们测量后，记得要将测量工具画下来，在旁边写上测量结果。

3. 幼儿测量垃圾桶，并将测量工具和结果记录在幼儿操作材料上。

（1）幼儿自主选择测量工具。

◆ 幼儿带上测量工具和材料，自由结伴选择垃圾桶进行测量并记录。

◆ 教师观察幼儿如何测量，并及时提供适宜的帮助。

（2）交流、分享测量结果。

◆ 教师：谁来向大家介绍一下自己的测量结果？你是用什么工具测量的？结果是多少？

◆ 讨论：什么样的材料适合测量垃圾桶？

◆ 师幼共同小结：测量工具过大或过小都不合适；不便于首尾相接的工具也不合适。

（3）幼儿可再次选择测量工具重新测量、记录，教师用展板张贴。

4. 感知测量工具和结果之间的关系。

◆ 教师：刚才我们测量的都是垃圾桶，为什么大家的测量结果会不一样呢？（有的差别还很大）

◆ 引导幼儿观察、比较展板上大家的测量结果，感知测量工具的长短与结果大小之间的关系。

- 师幼共同总结：测量工具长的，记录的结果数字小；测量工具短的，记录的结果数字大。

活动建议

★ 家园共育：鼓励家长带领幼儿在家继续测量垃圾桶的高度，巩固测量工具长短与测量数字大小的关系，家长帮忙做记录。

线索三：有害垃圾和其他垃圾

19 "有害垃圾"我知道（综合）

活动目标

1. 知道生活中一些常见的有害垃圾。
2. 初步了解有害垃圾的危害，知道要和其他的垃圾分开摆放。
3. 能用连贯的语言清楚地讲述自己的调查和发现。

活动准备

1. 经验准备：幼儿有对家庭、社区等地方调查的经验。
2. 物质准备：
（1）幼儿事先完成调查表（幼儿绘画，家长帮忙记录文字）。
（2）关于有害垃圾的视频，实物投影仪。
（3）各种有害垃圾的图标、有害垃圾分类的图标。

活动过程

1. 结合自己的调查表，谈谈"我们身边的有害垃圾"。
- 教师：我们在家里、小区里进行了一次关于有害垃圾的调查。让我们一起来看看调查表，说说你在哪里、看到了哪些有害垃圾。
- 幼儿介绍自己的调查，教师利用实物投影仪展示幼儿的调查表。
2. 结合视频讨论：什么样的垃圾是有害垃圾？
- 教师：你怎么知道这些垃圾是有害垃圾呢？
- 观看视频，进一步了解有害垃圾有哪些，知道其危害。

- 出示图标，师幼小结：这些对人体健康有害、会严重污染环境、污染资源的不可回收的垃圾是有害垃圾，包括废日光灯管、废水银温度计、过期药品、废灯泡、废油漆桶、杀虫剂包装、使用过的医疗物品等。
- 教师：这些有害垃圾能和其他的垃圾放在一起吗？我们该怎么收集呢？

3. 小组互动，进一步了解各种有害垃圾。
- 幼儿根据自己的了解，结合观看的视频，相互交流，丰富彼此的相关经验。

活动建议

★ 活动延伸：鼓励幼儿在家中提醒家长将有害垃圾单独处理，做爱护环境的环保小卫士。

【附调查表】

"我们身边的有害垃圾"调查表

	你找到了哪些有害垃圾？				
家里					
社区					

备注：幼儿用绘画的方式完成调查表，家长帮忙记录文字。

20 "其他垃圾"我知道（综合）

活动目标

1. 能用连贯、清楚的语言与同伴交流自己关于其他垃圾的答案。
2. 能安静、认真地倾听同伴的发言，大胆地补充和提出自己的想法、问题。
3. 萌发从多方面探索关于其他垃圾的兴趣。

活动准备

1. 经验准备：幼儿已经通过翻阅书籍、和爸爸妈妈上网搜索等方法收集了关于其他垃圾的相关资料。

2. 物质准备：关于其他垃圾的资料及视频；记录纸、笔若干。

活动过程

1. 谈话引起幼儿讨论的兴趣。
   ◆ 教师：今天，很多小朋友都从家里带来了自己找到的关于其他垃圾的答案，我们在各自的小组里和好朋友一起分享交流吧！
2. 介绍、交流自己找到的答案。
   ◆ 明确小组交流的方法和要求。
     教师：每个人都收集了很多答案和资料，该怎么在小组交流呢？（幼儿结合自己已有的小组交流经验发表想法）
   ◆ 师幼共同小结：小组交流时应该轮流发言；每个人都要介绍自己的答案；在别人介绍时要安静听；选出小组的发言代表和问题记录员等。
3. 各组交流汇报，引发多角度的探究欲望。
   ◆ 教师：在小组的交流活动中你们遇到了什么困难和问题？又是怎么解决的？
   ◆ 请各小组的发言代表介绍本组交流情况以及本组讨论过程中产生的新问题。（教师用图标记录幼儿的发言）
   ◆ 小结：这些不属于可回收物、厨余垃圾，也不是有害垃圾的，我们把它们称为其他垃圾。其他垃圾一般包括用过的纸巾、塑料袋、烟头、渣土等危害较小、没有再次利用价值的垃圾。

活动建议

★ 活动延伸：鼓励幼儿在活动后继续将自己的问题画下来，和同伴继续相互学习、交流。

★ 日常渗透：根据幼儿的兴趣点，可以分话题继续讨论。

21 拯救垃圾中转站（体育）

活动目标

1. 能头顶沙包平稳地走过高 20 cm、宽 20 cm 左右的平衡木。
2. 尝试寻找身体平衡的有效方法，有一定的平衡和协调能力。
3. 愿意克服"双手不碰沙包"的困难去营救各种小贝壳，体验其中的乐趣。

活动准备

1. 经验准备：幼儿有玩平衡木的经验。
2. 物质准备：

（1）平衡木4根，标记线2根，蓝、红、绿、灰的沙包若干，障碍物若干，蓝、红、绿、灰的大筐各一个。

（2）场地示意图（见附）；放松的音乐。

活动过程

1. 准备活动：幼儿小跑进入场地，进行简单队列练习。
   - ◆ 准备操：重点活动手腕和脚踝。
2. 幼儿自由玩沙包，教师观察幼儿的玩法。
   - ◆ 教师：这里有一些沙包，你会用它怎么玩呢？
3. 幼儿学习头部顶沙包行走的动作。
   - ◆ 请个别幼儿示范顶沙包的玩法，师幼共同总结动作要领。
   - ◆ 幼儿根据共同总结的要领，分散练习。
4. 幼儿尝试在20 cm左右高的平衡木上行走。
   - ◆ 出示平衡木，鼓励幼儿大胆尝试走一走。
   - ◆ 师幼共同讨论行走方法。
     教师：你们真厉害，这么快就找到了好方法！是的，只要我们头部保持正直，眼睛看着前方，双手就可以不扶沙包，打开双臂保持平衡，沙包就不会掉下来了。
   - ◆ 幼儿再次进行分组尝试。
5. 游戏：拯救垃圾中转站。
   - ◆ 教师：最近，有一个垃圾中转站出了点状况，导致许多已经分好类的小袋子垃圾都堆在了一起，来不及运送到相应的地点，想请你们帮忙运送过去。途中可能会遇到一些小困难，希望大家都能克服哦！
   - ◆ 游戏玩法：幼儿成四路纵队，将沙包顶在头上，过平衡木后，手持沙包绕过障碍物，到标记线处，根据自己手中的沙包颜色，将其投掷到对应颜色的大筐中，原路返回到队伍中击掌接力，下一组幼儿开始。
   - ◆ 幼儿游戏2—3遍。
6. 结束部分：师幼在轻松的音乐中放松身体各部位。
   - ◆ 师幼共同收拾场上的器械。

活动建议

★ 教学变式：可根据幼儿的发展水平与能力，调节或提供不同层次（平衡木的长短）的平衡木；平衡木的款式也可以选择多种样式，增加游戏的难度和趣味性。

★ 活动延伸：可将此活动迁移至晨间锻炼的活动中。

【附场地示意图】

	标记线	平衡木	障碍物	标记线	
	☺	▭	✕ ✕ ✕ ✕	▢	红筐
	☺	▭	✕ ✕ ✕ ✕	▢	蓝筐
	☺	▭	✕ ✕ ✕ ✕	▢	绿筐
	☺	▭	✕ ✕ ✕ ✕	▢	灰筐

22 垃圾分类宣传海报（美术）

活动目标

1. 了解海报的特点，尝试设计垃圾分类宣传海报。
2. 愿意参与讨论，独立或合作设计、制作相关内容。

活动准备

1. 经验准备：对各种垃圾及分类有一定的了解。
2. 物质准备：
（1）手工纸、剪刀、彩笔、油画棒、双面胶、胶棒、各种小装饰物等。
（2）幼儿阅读材料2《垃圾分类宣传海报》，人手一册。

活动过程

1. 出示幼儿阅读材料，观察不同风格的宣传海报，了解图示及含义。
- 教师：你们见过这样的图片吗？在哪里见过？你知道它的作用吗？（鼓励幼儿把观察到的画面内容说出来）
- 师幼共同小结：我们发现海报上有图画、文字、数字等必要的信息；最主要的信息要能吸引看海报的人；海报上的文字很简单，但是要能清楚地表达意思。

2. 讨论：怎样为垃圾分类设计宣传海报？
- 教师：我们共同研究了这么久的垃圾分类的小知识，你们愿意把你所了解到的知识告诉更多的人，让大家都来做好垃圾分类这件事吗？
- 教师：你准备告诉别人关于垃圾分类的什么事情？这些事情中最主要的是什么？
- 教师：你想通过哪些方式来告诉别人？怎样才能一下子吸引人，一看就明白是什么意思？

3. 幼儿分组讨论并设计海报，教师巡回指导。
- 可合作也可独立创作。
- 鼓励幼儿在设计过程中运用多种元素和方法，如点线面的选择和运用、对比色和相近色的运用、不同美术表现手法的运用等。

4. 海报展评，幼儿相互欣赏。
- 幼儿介绍自己的设计理念，教师记录幼儿的语言。
- 幼儿自主布置海报墙，相互欣赏。

活动建议

★ 区域活动：在美工区投放多种废旧材料，供幼儿继续完善或创作。

★ 日常渗透：利用散步时间，带小班、中班的弟弟妹妹来参观班级的海报，并向他们介绍垃圾分类的经验。

区域游戏

区域名称	游戏名称	材料和指导要点
益智区	垃圾连连看	材料：各种垃圾分类桶、垃圾图片若干 指导要点：将不同种类的垃圾与相应的垃圾桶连线匹配（可以是多种垃圾对应一种垃圾桶）
	垃圾消消乐	材料：垃圾消消乐游戏底板 指导要点： 1. 较短时间内幼儿记忆底板上的各种垃圾图片的位置 2. 将垃圾图案背面朝上，幼儿根据记忆寻找并翻开与所想相同的垃圾图案，如正确，将垃圾图案取走；如不正确，则将图案背面朝上继续找
	垃圾分类棋	材料：自制棋盘，骰子一个 指导要点：在棋盘上绘制线路图，从起点开始用不同颜色的色块一直延续到终点，其中一些色块上有垃圾的小图标。两名幼儿从起点出发，轮流掷骰子，根据骰子上的数字走向终点。如遇到有垃圾小图标的色块，幼儿需要迅速分辨垃圾的分类，说对了，连续掷骰子一次；说错了，停掷骰子一次
	垃圾进桶高尔夫	材料：用大KT板做高尔夫场地，自制球杆，不同的垃圾种类球洞，贴有垃圾图标的小球若干 指导要点： • 层次一，一人游戏，将小球打进相应的球洞，直到小球全部进洞 • 层次二，两人比赛，一人一杆进行游戏，最后进球多的人获胜
语言区	自制"垃圾"故事小书	材料：铅画纸、勾线笔、彩笔、花边剪刀、小订书机；有关垃圾分类的现成连环画（有页码的）；八面图书的制作步骤等 指导要点： • 层次一，将现成的连环画剪下，按照页码排好顺序，学用订书机将其订成图书 • 层次二，将铅画纸裁成10 cm×15 cm的纸张若干，订成图书，将自己喜欢的故事的主要内容分页画在纸上，最后标上页码，为其装饰封面和封底，封面的图案能概括书的主题 • 层次三，看步骤图，尝试制作八面图书
	骰骰乐	材料：画有不同元素的大骰子4个（时间、地点、人物、关于垃圾的元素）；白纸、笔若干 指导要点：两个人游戏，一人掷骰子，4个骰子掷完后，根据骰子呈现的内容，编一个相关故事说给同伴听，而后交换玩
	阅读相关绘本	材料：与主题相关的故事、绘本或小视频 指导要点：幼儿自主选择自己喜欢的绘本进行阅读，注意阅读时的好习惯；与同伴分享自己的感受
科学区	废纸风车转起来	材料：幼儿用废纸制作好的风车若干；各种废弃的硬度不同的纸、书本；盘子、纸盒盖、泥工板等 指导要点：尝试用不同的材料、多种方法产生风，让风车转起来；感知风车需要有风力才能转动

续表

区域名称	游戏名称	材料和指导要点
建构区	垃圾处理站	材料：各种积木、辅助材料 指导要点：能够根据事先规划好的设计图纸准备相应的材料，按照图纸进行垃圾处理站的建构，注意建构过程中的分类问题
美工区	垃圾分类桶	材料：硬卡纸、裁好的纸箱板；剪刀、胶枪等 指导要点： • 层次一，能在半成品垃圾分类桶上大胆创作出相关图案和标记，将其装饰在垃圾桶上 • 层次二，能在教师的指导下做出垃圾桶主体并进行装饰
	垃圾分类回收包	材料：回收包范样；厚一点的纸若干；剪刀；各种形状的彩色纸片，其他装饰材料等 指导要点： • 层次一，能在教师的指导下折叠出小包（纸带形状），并用各种形状的彩色纸片装饰小包 • 层次二，能独立折出小包，并能大胆地按自己的想法进行装饰
	垃圾分类宣传海报	材料：海报纸若干；毛根；直尺、各色彩笔、剪刀、双面胶等 指导要点： • 层次一，能根据自己的想法，绘制关于垃圾分类的宣传海报 • 层次二，能用多种材料装饰

【附步骤图】

垃圾分类回收包

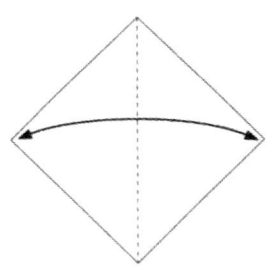

❶ 沿虚线左右对折，复原

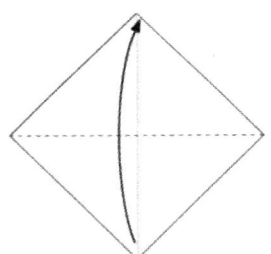

❷ 沿虚线上下对折

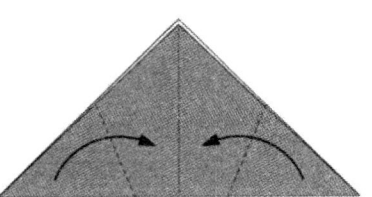

❸ 左右两角沿虚线向中心折

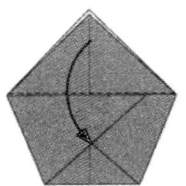

❹ 上层尖角向下翻折

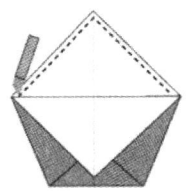

❺ 用刀片沿虚线划开

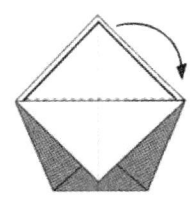

❻ 下层尖角向后翻折

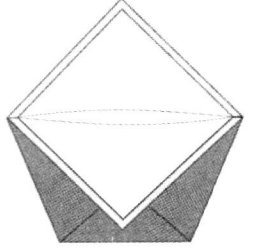

❼ 完成

第三主题　垃圾去哪儿了

主题背景

　　经过前面的几个主题，幼儿已经对垃圾分类有了一定的认识，并通过在日常生活中的操作与实践逐渐养成了良好的垃圾分类的意识和习惯。那么这些分类回收后的垃圾会去向何处？回收后的垃圾又是如何进行处理并重新利用的呢？这些是幼儿在进行垃圾分类之后自然而然提出的问题，也是本主题开展的契机。

　　在本主题中，我们从"垃圾去哪儿了"这个问题进入，通过去垃圾处理厂实地参观，揭开垃圾处理的秘密；帮助幼儿了解不同种类的垃圾有不同的处理与利用的方式，进一步加强幼儿的垃圾分类意识。我们选择了"厨余垃圾"和"可回收物"作为本主题的重点内容，一方面是因为这两类垃圾和幼儿的生活密切相关，另一方面是因为这两类垃圾能够更好地变废为宝，有更多可以让幼儿进行再创造的空间和机会，也更能够体现垃圾回收利用的好处。

主题目标

1. 知道垃圾的处理利用可以节省资源、变废为宝，减少对环境的危害。
2. 了解不同类型的垃圾有不同的处理和利用方式，乐意参与力所能及的垃圾回收利用活动。
3. 能大胆运用多种方式对可回收物进行利用和再创造，体验变废为宝的乐趣和成就感。

主题实施路径表

集体活动	日常活动	环境创设	家园联系	区域游戏
● 线索一：垃圾去哪儿了 23. 垃圾去哪儿了（综合） 24. 参观垃圾发电厂（社会） 25. 制作礼物盒（数学） 26. 好玩的鞋盒（体育） 27. 我设计的多功能垃圾车（美术） ● 线索二：厨余垃圾用处大 28. 苹果核旅行记（语言） 29. 制作堆肥（科学） 30. 果壳镶嵌画（美术） 31. 学习7的组成（数学） ● 线索三：变废为宝 32. "可回收物"分一分（科学） 33. 爷爷一定有办法（语言） 34. 创意变变变（综合） 35. 百变纸箱（体育） 36. 小小演奏会（音乐） 37. 环保服装秀（亲子活动）	● 日常渗透 1. 收集家中废旧电池，集中投放到幼儿园的专用回收桶 2. 将自制的堆肥料用于自然角 3. 了解、探索幼儿园的雨水收集灌溉系统和垃圾处理设备 ● 餐前 1. 师幼共同阅读垃圾再利用的相关图书 2. 打击乐游戏复习 ● 户外活动和散步 1. 在幼儿园继续寻找可回收物，并将其带回班级进行制作和加工 2. 在幼儿园寻找利用废旧材料或可回收物制作的物品，说一说都用到了哪些可回收物	1. 将幼儿用废旧材料自制的分类垃圾箱陈设在教室的各处 2. 搭建展台，展出幼儿利用可回收物和废旧材料制作的各种手工作品 3. 支持幼儿在室内外环境中使用可回收物，鼓励幼儿利用可回收物制作各种物品	1. 建议家长带幼儿观察小区里的分类垃圾桶，观摩集中受理兑换的活动 2. 外出购物时尝试找一找回收后再加工制造的商品（如本子、铅笔等） 3. 在家中和幼儿一起利用各种可回收物进行创意制作 4. 在生活中注意循环使用一些可回收物，进一步帮助幼儿建立环保意识 5. 带幼儿参观社区的垃圾中转站，看看垃圾如何堆放，工作人员如何分拣、处理等	● 益智区 走迷宫 垃圾回收找不同 ● 数学区 桌面垃圾盒 撒开心果壳 ● 科学区 小园丁 垃圾去哪儿了 ● 美工区 垃圾变变变 能工巧匠 叮叮咚咚 ● 生活区 小小清洁工 神奇的酵素 ● 语言区 垃圾回收的绘本阅读 垃圾分类处理记录册 ● 角色区 可回收物真有趣

线索一：垃圾去哪儿了

23 垃圾去哪儿了（综合）

活动目标

1. 初步了解垃圾分类回收后的去向，知道垃圾回收后会被进一步处理。
2. 能在集体中大胆表达，较清楚地讲述自己调查的结果。

活动准备

1. 经验准备：有基本的生活经验，见过垃圾分类的处理形式。

2. 物质准备:

（1）和家长共同完成过"垃圾去哪儿了"调查表（见附）。

（2）大记录单，纸、笔。

（3）幼儿阅读材料2《垃圾去哪儿了》，人手一册。

活动过程

1. 回忆已有经验，引发新话题。

◆ 教师：我们都知道，在生活中产生的垃圾需要分类。你们还记得垃圾可以分成哪几种类型吗？它们分别是用什么颜色的垃圾桶盛装的？垃圾桶上分别是什么样的标志？

2. 了解垃圾回收后的不同处理方式。

◆ 教师：当我们把生活中的垃圾分类放进垃圾桶之后，会有垃圾车把这些垃圾运走。那么这些垃圾又去了哪里呢？

◆ 请幼儿结合自己的调查表讲述自己知道的关于垃圾进一步处理的方式。

◆ 出示大记录单，教师根据幼儿的讲述内容画在上面。

3. 进一步了解垃圾的不同处理方式。

◆ 翻开幼儿阅读材料，了解各种垃圾的去向。

◆ 讨论：垃圾分类处理有什么好处？

◆ 小结：垃圾回收后有不同的处理方式，比如焚烧、填埋、堆肥等。根据垃圾的不同类型和特点，会有专门的工作人员来做处理，这是一项重要的工作。把垃圾分门别类地处理可以更好地保护我们的环境，还能变废为宝。

活动建议

★ 区域活动：收集有关垃圾分类与处理的绘本，投放在语言区供幼儿阅读、交流。

【附调查表】

"垃圾去哪儿了"调查表

	垃圾有哪些？	垃圾去哪儿了？
可回收物		
厨余垃圾		

续表

其他垃圾		
有害垃圾		

备注：幼儿用绘画的方式完成调查表，家长帮忙用文字记录。

24 参观垃圾发电厂（社会）

活动目标

1. 初步了解垃圾焚烧发电的基本流程，知道垃圾焚烧后可以产生大量的能源。
2. 能遵守参观的安全规则，对能源开发感兴趣。

活动准备

1. 经验准备：园部和带队教师与垃圾发电厂完成预约，敲定具体参观细节，落实好前期工作。
2. 物质准备：幼儿操作材料2《参观垃圾发电厂》，人手一册。

活动过程

1. 行前谈话，激发幼儿参观的兴趣。
◆ 教师：我们今天将要去哪里参观？小朋友们以前去过吗？垃圾发电厂是什么样子的？里面会有什么呢？
◆ 教师：在参观时，我们需要注意什么？
2. 实地参观垃圾发电厂。
◆ 依据园方和厂方的前期沟通，由宣教人员组织引导幼儿参观垃圾处理、焚烧发电的流程，教师协助宣教人员进行相应的讲解。
◆ 幼儿听取讲解之后，可以随时向工作人员提出自己的疑问。
◆ 条件允许的情况下，可以针对重点疑问或现场生成的兴趣点组织第二次参观和讲解。

3. 提供幼儿操作材料2《参观垃圾发电厂》，引导幼儿参观后交流分享。
- ◆ 教师：在垃圾发电厂里你看到了什么？哪些跟我们想的不一样？你有什么新发现？
- ◆ 引导幼儿用绘画的形式将所见所闻、问题和答案以及自己印象最深的事情记录在操作材料上。

活动建议

★ 教学变式：若没有条件实地参观，可以播放"垃圾焚烧发电"的视频给幼儿看。

★ 环境创设：将幼儿的问题、答案以及新的问题和收获汇总梳理，以大简报的形式呈现在班级环境中，供幼儿自主回顾、分享和交流。

25 制作礼物盒（数学）

活动目标

1. 初步感知平面图形与立体图形的关系，发现立方体的特征。
2. 通过剪、折、黏合等方式，尝试将平面图形还原成立方体。
3. 能积极动脑，清楚地讲述自己的发现，并坚持完成作品，体验成功的快乐。

活动准备

1. 经验准备：幼儿已经认识生活中立方体的物品。
2. 物质准备：
（1）幼儿收集的各种形状的纸盒。
（2）制作礼物盒的各种工具材料，如白纸、回形针、铅笔、剪刀、双面胶等。
（3）幼儿操作材料2《制作礼物盒》，人手一册。

活动过程

1. 观察纸盒，感知立方体。
- ◆ 初步感知立方体的特征。
  教师：这是什么？有几个面？（出示纸盒，让幼儿数一数）
- ◆ 在纸盒的每一面标上数字，引导幼儿了解立方体都有六个面。
2. 拆纸盒，感知立方体展开后的平面效果。
- ◆ 教师：如果我们把纸盒拆开，你们猜一猜，它会变成什么样子呢？（鼓励幼儿大

胆讲述自己猜测的结果）
- ◆ 幼儿尝试拆纸盒。（提示幼儿从盒子的黏合处开始拆，不破坏盒子）

  教师：说一说，你拆开的纸盒是什么样子的？由哪些形状组成？

3. 还原纸盒，进一步了解平面图形与立体图形之间的关系。
- ◆ 教师：谁会把手中的纸盒变回原来的样子呢？平面的纸怎样才能变成纸盒呢？（幼儿可重复操作几次）
- ◆ 幼儿边操作边反复感知并讨论平面图形与立体图形之间的关系。
- ◆ 了解纸盒黏合面的左右。

  教师：大家找一找，刚才写的数字都在哪儿？除了有数字的面以外，还有其他的面吗？（纸盒每个面之间相黏合的部分）

  教师：这些没有标数字的面刚才"躲"在了哪里？它们有什么用呢？（可以重合起来进行粘贴，便于封口）

4. 讨论制作纸盒。
- ◆ 层次一：出示幼儿操作材料，用剪刀沿轮廓线剪下，将折出的若干面黏合起来。
- ◆ 层次二：选择与要做的礼物盒大小相当的纸，铺在盒子下描出图纸（可用回形针固定纸与盒子），剪下图纸后对照礼物盒折出若干面，在黏合处涂上糨糊或用双面胶粘贴，整理定型。

活动建议

★ 日常渗透：在美工活动中可先让幼儿包装纸盒，为做纸盒提供技能经验。

★ 区域活动：在数学区提供各种纸盒供幼儿拆合，让幼儿继续感知立体图形。

★ 家园共育：在活动前请每位家长为幼儿准备一份小礼物，让幼儿将礼物放入盒子里面，送给好朋友。

26 好玩的鞋盒（体育）

活动目标

1. 练习原地跳过一定高度的障碍物，提高弹跳能力。
2. 能积极探索废旧鞋盒的多种玩法，活动中会注意保护自己。
3. 愿意与同伴合作游戏，以愉快的情绪投入活动。

活动准备

1. 经验准备：会做鞋盒操，有利用鞋盒做大步走、曲线跑、跨爬的基本动作基础。
2. 物质准备：

（1）人手一只鞋盒，泡沫垫若干，平衡凳，录音机、磁带，黑板，笔。

（2）示意图一张，分解图标若干（见下图）。

图标 A：幼儿自由探索出玩鞋盒的图标，以自身移动纸盒为主。

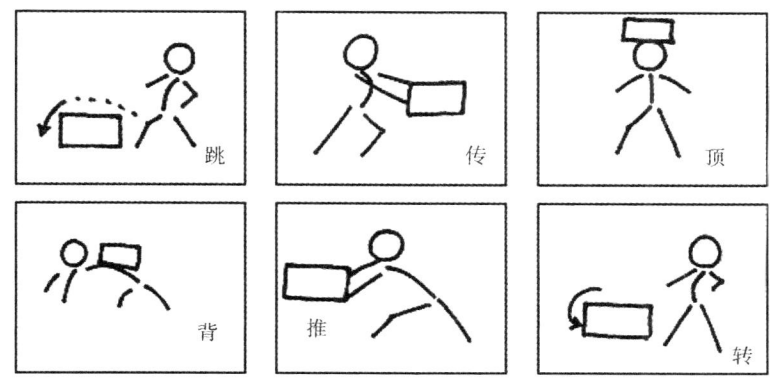

图标 B：跳鞋盒的动作分解图标。

活动过程

1. 热身活动。
- 幼儿手拿鞋盒敲打节奏进场站点，做鞋盒操。
- 利用鞋盒做大步走、曲线跑、跨跳的循环游戏。
2. 基本动作练习。
- 幼儿自由探索鞋盒的新玩法。
- 教师有目的地观察幼儿，并请有创意的幼儿示范，同时指导幼儿用"图标 A"表示。
3. 学习原地跳过一定高度的障碍物。
- 教师与幼儿讨论原地跳的动作要领：双脚同时用力蹬地向上跳起，轻轻落下。用简短的儿歌帮助幼儿掌握。（双手举起，后摆臂，用力蹬地轻轻跳）

指导幼儿用"图标B"表示。
- 幼儿自由练习或结伴练习。

4. 分组合作练习（分成3—4组为宜）。
- 幼儿分小组进行讨论，如何在"图标A"里任选一个动作和"图标B"项目组合游戏。（幼儿尝试将组合方式在黑板上摆出）
- 分组尝试进行组合游戏。请个别小组示范。
- 竞赛游戏：纸盒接力跑。
  师幼制定规则：将"图标A"与"图标B"项目组合游戏，跳后将自己的纸盒接着前面幼儿的纸盒排好。教师更换"图标A"的内容再次让幼儿练习。

5. 结束部分：复习早操韵律，帮助幼儿放松。

活动建议

★ 教学变式：可根据本班幼儿合作的水平决定竞赛游戏的方式，也可在教师帮助下共同练习一种组合方式。

★ 活动延伸：可将纸盒投放在晨间活动中让幼儿复习；也可根据幼儿的动作水平将纸盒垒高增加跨跳难度。

27 我设计的多功能垃圾车（美术）

活动目标

1. 知道垃圾车的多种用途，进一步了解它的多种功能。
2. 大胆地想象，尝试设计有特殊装置和设备的垃圾车。
3. 萌发探索更多未知事物的愿望。

活动准备

1. 经验准备：已经对垃圾车的外形及功能有初步的了解。
2. 物质准备：
（1）各种新型功能的汽车和垃圾车的图片，投影设备。
（2）幼儿操作材料2《超级垃圾车》，人手一册；水彩笔，人手一支。

活动过程

1. 了解各种先进的、有趣的功能型汽车。

- ◆ 出示图片若干张，鼓励幼儿想象这些车的用途及各部位装置的作用。
- ◆ 教师：这些车和我们平时常见的车有什么不同？猜一猜，它有什么用处？

2. 引导幼儿大胆想象，如何改进我们生活中的垃圾车。
- ◆ 教师：你见过的垃圾车的外形是什么样子的？你觉得有什么地方要改进，为什么？
- ◆ 小结：可以改变外形，让它看上去更美观，更便于识别；可以改变功能，增添特殊的装置与设备，让它的功能更强大。

3. 做小小设计师，自己设计多功能垃圾车。
- ◆ 教师：你想设计什么样的多功能垃圾车？它将给我们的生活带来什么样的变化呢？
- ◆ 出示幼儿操作材料，鼓励幼儿以"未来设计师"的身份进行大胆想象和表现。

4. 投影展示幼儿的设计作品《超级垃圾车》，共同欣赏、评价。
- ◆ 请小设计师介绍自己的作品及设计想法。
- ◆ 幼儿互评，教师点评并总结。

活动建议

- ★ 区域活动：在美工区提供多种废旧材料，鼓励幼儿尝试制作自己设计的垃圾车。教师提供技术上的支持。
- ★ 日常渗透：幼儿继续交流各自的想法，并用多种方式及时记录下来。
- ★ 家园共育：和爸爸妈妈一起设计多功能垃圾车，并尝试将设计制作出来。

线索二：厨余垃圾用处大

28　苹果核旅行记（语言）

活动目标

1. 理解故事内容，初步了解厨余垃圾的不同处理方式。
2. 能用较丰富的语言表达自己的理解和认识，大胆想象和讲述。

活动准备

1. 经验准备：幼儿对厨余垃圾的处理有初步的了解。
2. 物质准备：幼儿阅读材料2《苹果核旅行记》，并将故事图片制作成PPT。

活动过程

1. 播放故事 PPT 第 1—2 页（即幼儿阅读材料 2 第 13—14 页），引起幼儿的猜想和讨论。

◆ 教师看图讲述故事的第一段。

教师：三个苹果核分别叫什么名字？

教师：三个苹果核在一起会说些什么呢？

2. 播放 PPT 第 3—5 页（即幼儿阅读材料 2 第 15—17 页），了解"厨余垃圾"的不同处理方法及用途。

◆ 欣赏故事第二段，理解故事内容。

教师：三个苹果核被垃圾车分别运去了哪里？经过了哪些变化？变成了哪些不一样的东西？

◆ 揭秘厨余垃圾的有效利用。

教师：小绿的旅行愿望实现了吗？小红、小黄和小绿去了一样的地方吗？起到了哪些不同的作用？

3. 翻看幼儿阅读材料，完整欣赏故事。

◆ 教师完整讲述故事，幼儿边听边翻阅。

◆ 幼儿自由阅读并和同伴交流分享，进一步了解"厨余垃圾"是如何处理并利用的。

◆ 师幼共同小结：厨余垃圾经过科学的处理会变成肥料、饲料、沼气等，有非常多的用处，可以变废为宝。

活动建议

★ 教学变式：可以提前将幼儿阅读材料放在语言区，供幼儿自主阅读，引导幼儿根据画面和已有经验理解故事内容。

【附故事】

苹果核旅行记

向阳小区的街心广场旁，有四个大大的垃圾桶。这时，从其中专门收集厨余垃圾的绿色垃圾桶里传出了一阵说话声。

是谁？哦，原来是三个苹果核正在聊天呢！顶上留着一块红色果皮的是小红，留着绿色果皮的是小绿，而留着黄色果皮的就是小黄啦。

小红问闷闷不乐的小绿："你怎么啦？心情不好吗？"

小绿小声地回答："我不喜欢呆在这么黑的地方，我也不喜欢成为没有用的垃圾，我想回家。"

小黄赶紧安慰它道:"你不要伤心啊,虽然我们是垃圾,但是我们也是非常有用的垃圾哦!"

小红也赶紧说道:"是的是的,这里就是给我们专用的回收桶呢!而且很快我们就可以去旅行啦!"

小绿疑惑地说:"厨余垃圾?有非常大的用处?去旅行?"

小红和小黄连连点头,正要给它好好讲解一下的时候,一辆厨余垃圾回收车开了过来,一股脑儿地把三个小伙伴倒进了车斗里。

小绿和两个小伙伴分开了,它一边在颠簸的车斗里滚来滚去,一边想着小红和小黄的话,它想:"这辆车会带我去哪里旅行呢?会不会带我回家呢?"

车子很快开进了一个干净整洁的大工厂,旅行的目的地到了。

小绿和其他瓜皮果核一起被倒进了一个大大的池子里面,盖上了一层微生物菌种的"棉被",小绿觉得好暖和、好舒服,一下子就睡着了。它的身体在菌种的帮助下慢慢分解,又经过处理变成了液态的肥料,被撒进了果园的苹果树下。

小红和小黄去了哪里呢?

小红和其他垃圾一起被过滤掉了水分,在发酵池里发酵了一个星期,然后被烘干,最后经过燃烧变成了电,为千家万户带去了光明。

小黄则进入了深埋在地下的沼气池,经过发酵后变成了可以燃烧的沼气,给各家厨房送去了清洁的能源。

三个小伙伴结束了自己的旅行,同时也为环境保护贡献了一份力量!

(韩静/文)

29 制作堆肥(科学)

活动目标

1. 了解瓜果皮核、菜叶根茎等经过发酵和分解变成肥料的过程就是堆肥,学习制作堆肥。
2. 激发对堆肥的兴趣,积极参与厨余垃圾循环再利用的活动,树立绿色环保意识。

活动准备

1. 经验准备:幼儿已经听过故事《苹果核旅行记》。
2. 物质准备:
(1)师幼共同收集的各种瓜果皮核、菜叶根茎等厨余垃圾。

（2）泡沫箱、塑料桶等容器。

（3）铲子、手套、水壶等材料。

（4）有关堆肥的视频、图片等影音资料。

（5）幼儿阅读材料2《神奇的酵素》，幼儿操作材料2《制作堆肥》《小园丁》，人手一册；记号笔人手一支。

活动过程

1. 谈话导入，引发幼儿兴趣。

◆ 回忆故事《苹果核的旅行》，引发幼儿对堆肥的经验和兴趣。

2. 初步了解堆肥是厨余垃圾经过发酵、分解变成的肥料。

◆ 观看相关视频、幼儿阅读材料等资料，了解堆肥的方法、过程等。

◆ 师幼共同讨论：哪些厨余垃圾可以用来制作堆肥？（瓜果皮核、菜叶根茎等）哪些不能用来制作堆肥？（肉制品、乳制品等）

◆ 幼儿分小组与同伴分享交流自己了解到的关于堆肥制作的方法或者小技巧。

3. 出示幼儿操作材料2《制作堆肥》，讨论、归纳制作堆肥的方法并记录下来。

◆ 集体交流讨论，归纳整理制作堆肥的方法，并将制作过程用图标的形式记录下来形成"堆肥制作流程图"。

4. 动手实践，与同伴共同制作堆肥桶。

◆ 幼儿分小组合作，选择合适的容器，按照图示进行堆肥的制作。

◆ 教师巡回指导并及时提供适宜的帮助。重点提示幼儿要将果皮等尽量弄碎、泥土和垃圾要均匀铺开、泥土的量要少一些、加水不宜太多等事项。

5. 分享制作经验，交流制作感想。

◆ 各小组设计并绘画一个标记，贴在容器外面。

◆ 集体交流分享在制作过程中遇到的困难、取得的成功、不同的方法等。

活动建议

★ 活动延伸：将制作的堆肥桶放置在班级小菜园或种植园地周围，便于幼儿取用堆肥，给种植的植物施肥。提供幼儿操作材料2《小园丁》，供幼儿记录。

★ 家园共育：鼓励幼儿在家中和爸爸妈妈一起自制酵素、环保清洁剂等。

【附参考书籍】

《厨余堆肥DIY——厨房垃圾变沃土》　黄央　中国轻工业出版社

《厨余变沃土——生活垃圾堆肥DIY》　绿精灵工作室　湖北科学技术出版社

30 果壳镶嵌画(美术)

活动目标

1. 欣赏果壳镶嵌画,感受不同颜色、形状的果壳排列成图案的艺术效果。
2. 尝试用不同的果壳进行镶嵌作画,并根据其外形特点设计和布局画面。
3. 知道丢弃的果壳也可以利用起来,体验变废为宝的乐趣。

活动准备

1. 经验准备:认识一些常见的果壳,并知道其名称。
2. 物质准备:
(1)活动前期师幼共同收集各种不同的果壳(如瓜子、开心果、榛果等)。
(2)在泥工板、卡纸或瓷砖等质地较硬且表面平滑的材料上平铺一层油泥(可用不同颜色的油泥)做成底板;牙签、竹签、塑料小叉等工具。
(3)幼儿阅读材料2《果壳镶嵌画》,人手一册。

活动过程

1. 出示幼儿阅读材料,欣赏果壳镶嵌画,引导幼儿初步感受其特点。
- 出示一幅果壳镶嵌画的图片,引发幼儿兴趣。
  教师:这幅画是用什么材料制作的?你看到了哪些果壳?
2. 继续欣赏果壳镶嵌画,感受画面细节的特点。
(1)引导幼儿进一步欣赏画面,感受大块面构图的特点。
- 教师:画面上有哪些图案?看上去有什么感觉?
- 小结:果壳镶嵌画上的图案都是大块面的,线条简单、明显。
(2)回忆对果壳外形的已有经验,进一步体验不同外形特征的果壳排列后形成的不同图案效果。
- 引导幼儿边欣赏图片边观察果壳的外形特征,鼓励幼儿说一说这些果壳是如何排列的。
- 小结:同一块面中使用的果壳不能太多,轮廓线要用大颗粒的果壳整齐地排列,较小的果壳可以用来装饰细节。
3. 探索、交流果壳镶嵌画的作画方法。
- 介绍材料并引导幼儿讨论制作果壳镶嵌画的方法:先用工具绘画出基本的线条轮廓,再将果壳依次沿着线条进行镶嵌。

- 教师示范用小工具画出一个形象突出、明显的大块面图案，再选用合适的果壳进行镶嵌。

4. 幼儿自由创作，教师巡回指导并及时提供适宜的帮助。

- 制作过程中，重点提示幼儿选择合适的果壳，镶嵌时要用力将果壳嵌进油泥中，拿取材料时要轻拿轻放，避免果壳四处撒落，耐心、细致地完成作品。

5. 相互欣赏作品，感受变废为宝的成功和乐趣。

活动建议

★ 活动延伸：可将油泥平铺在立体的物品上，如纸筒、玻璃瓶等，然后在上面进行果壳镶嵌装饰，制作成笔筒、花瓶等。

31 学习7的组成（数学）

活动目标

1. 学习7的组成，知道7分成两份有6种分法，尝试记录其结果。
2. 在观察和探索操作活动中，知道按序分合不易漏掉数字。

活动准备

1. 经验准备：幼儿有学习5、6等组成的经验。
2. 物质准备：
（1）人手一个小盘子，7个开心果壳，数字卡片1—7。
（2）操作单，铅笔，人手一份。

活动过程

1. 学习7的组成。
（1）"碰球"游戏。

- 游戏玩法：教师出示数字卡片6，然后说出6以内的任一数字与幼儿"碰球"，两者的"球"合起来是6。如，教师说"我的4球碰几球"，幼儿可答"你的4球碰2球"。

- 教师可以变换数字卡片，以集体、小组形式开展游戏，也可以请个别幼儿上来出示卡片带领大家玩"碰球"游戏。

（2）学习7的组成。

- ◆ 引导幼儿报出盘子中开心果壳的总数，并将自己盘子中的开心果壳分成两份，鼓励幼儿尝试多种分法。每当幼儿说出一种分法，教师就记录下来，直至幼儿讲完所有的分法。
- ◆ 教师：数一数，共有几种分法；想一想，如何能记得又快又好。
- ◆ 引导幼儿发现：按照数字的顺序进行记录，就不易错漏。
- ◆ 找一找前后数字的排列关系，通过观察发现前后数字变化的规律：左侧的数字由小到大，而右侧数字则是由大变小。

2. 操作活动。

- ◆ 出示操作单，幼儿看分合式填空。观察点卡分合式，请在方框内画出相应数量的圆点，填写分合式。
- ◆ 撒开心果壳（7个），记录每一次撒出的开心果壳中，正面、背面的各有几个。

3. 活动评价。

- ◆ 请个别幼儿上来讲述自己的操作活动，其他幼儿边看边念分合式，巩固对7的认识。
- ◆ 教师展示幼儿的操作单，对书面整洁、操作正确的幼儿给予表扬和肯定。

活动建议

- ★ 教学变式：教师可根据幼儿的实际能力及学习进度，适当提高或降低数量要求，如可以学习8的分合或者6的分合。
- ★ 区域活动：在数学区提供相应材料，供幼儿继续学习操作。可提供不同层次的数量要求，以适应不同能力水平的幼儿。

线索三：变废为宝

32 "可回收物"分一分（科学）

活动目标

1. 能尝试根据不同的特点和属性，对可回收物进行多角度的分类。
2. 愿意参与活动，大胆地提出自己的想法和意见。
3. 进一步感知可回收物的多样性，加深对可回收物的认识和了解。

活动准备

1. 经验准备：幼儿参与过可回收物的收集，并有给物品分类的经验。
2. 物质准备：
（1）师幼共同收集的各种可回收物。
（2）分类盒、收纳盒、托盘、篮、筐若干；彩笔。
（3）事先划定的相应摆放区域。
（4）幼儿操作材料2《分一分》，人手一册。

活动过程

1. 观察各种可回收物，发现它们的不同特点和属性。
- 教师：最近我们一起收集了很多很多可回收物，看一看，都有哪些物品呢？它们一样吗？有哪些不一样的地方？
2. 讨论分类的方法和标准，引导幼儿按照不同的角度进行分类。
- 教师：这么多的可回收物都堆放在一起，又乱又不美观，我们该怎样给它们分类呢？
- 幼儿讨论分类标准，教师根据幼儿的标准在卡片上画出相应的图标。（也可以请能力强的幼儿来记录）
- 教师：你想按照什么来分类呢？（颜色、形状、大小、材质等）谁来画一画，你是怎么分类的？
- 启发幼儿将所有的物品分成大类，如"纸质的或木质的""柔软的或坚硬的"等；也可以将某一种物品进行细致的分类，如"纸盒可以按照大小分类"等。
- 尊重幼儿的分类标准，鼓励他们大胆地表达自己的想法；教师适当小结可回收物的分类要求。
3. 提供幼儿操作材料，幼儿尝试给可回收物进行分类。
- 幼儿自由组合成不同的小组，在教师的帮助和指导下，按照正确的分类标准给可回收物进行分类。
  教师：有一些东西没有办法进行分类，该怎么办呢？（分为"其他"类）
- 分类结束后，集体检查，观察和发现有无分类错误的地方。如有，想办法进行调整。

活动建议

★ 教学变式：可分小组开展活动，便于教师更好地指导和观察幼儿。

★ 活动延伸：集体讨论和投票选择一种分类标准，绘画相应的分类图标，张贴在班级的废旧物品回收箱上。

33 爷爷一定有办法（语言）

活动目标

1. 能细致观察画面，大胆展开想象，用较丰富的语言表达自己的想法。
2. 理解故事情节，感受爷爷的心灵手巧。

活动准备

1. 经验准备：日常生活中幼儿已有废品利用的经验。
2. 物质准备：

（1）将绘本《爷爷一定有办法》制作成PPT。

（2）幼儿操作材料2《爷爷一定有办法》，人手一册。

活动过程

1. 出示封面，引起幼儿阅读的兴趣。

◆ 教师：封面上画的是谁？猜一猜他们的心情怎样？你是从哪里看出来的？

2. 出示绘本PPT，引导幼儿细致观察、大胆想象，理解故事内容和情节。

（1）出示PPT第1页，引导幼儿细致观察画面。

教师：爷爷在做什么？他的心情如何？这是要送给谁的礼物？

（2）出示PPT第2、3页，教师讲述故事。

教师：你们猜一猜，亚瑟有没有把旧毯子扔掉呢？他会请谁来帮忙？爷爷会怎么做呢？

（3）出示PPT第4、5页，鼓励幼儿大胆讲述自己的发现。

教师：你看到了什么？爷爷在哪里？他在干什么？你能猜到爷爷的职业是什么吗？

（4）出示PPT第6、7页，教师讲述故事。

教师：爷爷把旧毯子改成了什么？

教师：亚瑟长大了，外套怎么了？他会把旧外套扔掉吗？猜一猜这次爷爷会把外套改成什么呢？

（5）依次出示 PPT 第 8—28 页，并提出相应问题，引导幼儿完成绘本阅读。

3. 幼儿自主阅读绘本后讨论分享，进一步欣赏和理解绘本。

◆ 教师：爷爷把一块布分别做成了什么？你喜欢这位爷爷吗，为什么？

4. 寻找阅读小彩蛋，趣味再读。

◆ 教师：亚瑟的纽扣到底掉到哪里去了？你找到了吗？观察老鼠一家的衣服，你发现了什么？它们怎么会有和亚瑟一样的布料呢？答案就藏在每页书的下方，让我们一起再来看一看吧。

◆ 教师：这本书真有趣，不但讲了爷爷和亚瑟之间的故事，还讲了老鼠一家的故事呢。

5. 提供幼儿操作材料，鼓励幼儿将家中"最有办法的人"用绘画的形式记录下来。

◆ 教师：你们家谁是最有办法的人？他们把哪些旧的东西改造成了有用的东西？

活动建议

★ 区域活动：将绘本《爷爷一定有办法》放在语言区，让幼儿继续在绘本中寻找、发现。

34 创意变变变（综合）

活动目标

1. 能大胆创想可回收物的利用方法，并用绘画的形式记录自己的设计。
2. 积极参与创作活动，体验创作的乐趣和成功的快乐。

活动准备

1. 经验准备：幼儿有过自由用废旧材料创作和游戏的经验。
2. 物质准备：
（1）各种利用可回收物创作的手工和装饰作品、玩具的范例或图片。
（2）幼儿阅读材料2、幼儿操作材料2《创意变变变》，人手一册。

活动过程

1. 出示范例，引发幼儿兴趣。

◆ 出示用纸盒制作的娃娃、塑料瓶制作的花瓶，引导幼儿观察。

教师：老师今天带来了一个可爱的小娃娃和一个漂亮的花瓶，你们能看出来它们是用什么做的吗？

- 小结：我们用收集到的可回收物，可以制作出很多很好玩的东西。
2. 观看收集并分类好的各种可回收物，激发幼儿的想象与创造。
- 教师：除了纸盒、塑料瓶，我们还收集了很多其他的宝贝，这些宝贝可以用来做什么呢？
- 引导幼儿根据可回收物的不同用途（如用来装饰、用来游戏、用来学习、用来生活），进行大胆的创想。
- 观看幼儿阅读材料中的图片，引发幼儿更加丰富、大胆的创想。
3. 提供幼儿操作材料，鼓励幼儿用绘画的形式将自己的设想画下来，教师做好文字记录与分类。
- 教师：你们刚才想出了这么多的方法，都特别棒！让我们用画笔把这些想法记录下来吧！
- 幼儿自由绘画自己的创想，教师巡回指导，重点关注有困难的幼儿并提供适宜的帮助。
- 鼓励幼儿画出和别人不一样的想法，教师用文字帮助记录。
4. 欣赏交流作品，激发幼儿实现创想的愿望。
- 幼儿与同伴相互欣赏作品，自由交流自己的想法与创意。
- 教师：让我们在区域活动中将这些非常有趣的想法变成真正的作品吧！

活动建议

★ 区域活动：鼓励幼儿在美工区利用各种废旧物品完成设计制作。

35 百变纸箱（体育）

活动目标

1. 能运用纸箱"一物多玩"，协调、灵敏地完成钻、爬、跳等动作组合。
2. 能不怕困难，乐意挑战，坚持完成活动。

活动准备

1. 经验准备：幼儿有"一物多玩"的游戏经验。
2. 物质准备：
（1）师幼共同收集的各种大小不同的纸箱，幼儿人手一个。
（2）欢快活泼和舒缓优美的音乐。

活动过程

1. 开始部分。
- 跟随欢快的音乐进行热身运动：上肢运动—下肢运动—体侧运动—体转—俯背—下蹲—跳跃。
- 教师：这段时间我们收集了很多大大小小的纸箱，我们也用纸箱做了很多有趣的游戏材料。请你想一想，这些纸箱可不可以帮助我们锻炼身体呢？

2. 基本部分。

（1）每个幼儿选取一个纸箱，自由探索纸箱的玩法。
- 教师巡回观察，鼓励幼儿大胆探索，想出各种不同的玩法。
- 集体交流分享，邀请个别幼儿示范自己探索出的玩法。
  如，小纸箱可以用来双脚跳、跨跳、顶在头上，作为障碍物进行绕障碍走；大纸箱可以用来钻爬（当山洞）；将纸箱套在身上，双手提纸箱边缘快速移动等。

（2）幼儿分小组合作探索纸箱的玩法。
- 幼儿将自己的纸盒和小组同伴的纸盒进行组合，探索不同的玩法。
- 教师巡回观察，鼓励幼儿友好合作，共同探索。
- 集体交流分享，各组代表介绍自己小组的玩法并示范。
- 小组之间相互交换场地，根据刚才每个小组介绍的玩法自由地玩一玩。

3. 结束部分。
- 跟着舒缓优美的音乐做揉腿、甩臂、转腰等放松动作。
- 幼儿和教师一起收拾场地上的材料，结束活动。

活动建议

★ 教学变式："一物多玩"所使用的废旧材料可以多种多样，除纸箱外还可以使用塑料瓶、报纸、纸卷筒、布条等小型的物品，以及塑料桶、轮胎等大型的物品。

★ 活动延伸：在晨间锻炼和户外游戏中，提供不同的废旧材料，供幼儿自由使用、游戏。

36 小小演奏会（音乐）

活动目标

1. 尝试根据自制乐器的不同音色和演奏方式给乐曲配器，能看图谱和指挥演奏乐曲。
2. 喜爱用自制乐器进行演奏，体验变废为宝的成功和乐趣。

活动准备

1. 经验准备：幼儿已有演奏打击乐和给打击乐简单配器的经验。
2. 物质准备：
（1）废旧的锅、锅盖、碗、盆、勺子、筷子等。
（2）利用各种生活中的用品进行音乐演奏的视频。
（3）幼儿熟悉的打击乐乐曲和图谱，幼儿自制的乐器。
（4）图标纸卡、水彩笔。

活动过程

1. 展示各种厨房用品，感受它们发出的不同声音。
- 教师在幼儿看不见的地方敲击锅盖，请幼儿猜一猜是什么发出的声音。
- 出示各种厨房用品，邀请幼儿用勺子、筷子等进行敲击，感受它们发出的各种不同的声音和节奏。
- 欣赏演奏视频，进一步感受使用身边常见的废旧物品进行音乐演奏的乐趣。
2. 展示自制乐器，引起幼儿兴趣。
- 教师：最近我们在区域里用可回收物制作了很多乐器，今天我们用这些乐器来演奏吧！
3. 按照自制乐器的音色给乐器分类。
- 教师：这些乐器发出的声音都一样吗？它们和我们平时使用的哪些乐器音色和演奏方式相似呢？
- 按照乐器的演奏方式或者音色给自制乐器分类。（演奏方式如敲击、摇奏、拍打等；音色如响亮的、轻柔的、沉重的等）
- 在纸卡上画出相应的图标表示不同的乐器类型。（如两根鼓棒表示敲击的乐器、小手表示拍打的乐器、波浪线表示摇奏的乐器等）
4. 尝试给乐曲配器，并在图谱上进行标注。
- 出示演奏乐曲的图谱（选择幼儿熟悉并演奏过的图谱），请幼儿在观察原有配器的情况下，尝试用自制乐器进行替换。
- 请幼儿用图标纸卡将原有乐器图标覆盖，形成新的演奏图谱。
5. 看指挥和图谱进行打击乐演奏。
- 幼儿自由选择自制乐器，按照打击乐座位就座。
- 演奏乐曲 2—3 遍后，将乐器留在原来座位上，然后进行座位的交换。
6. 变换配器方案进行演奏。

活动建议

★ 区域活动：将幼儿自制的乐器和图谱提供在音乐区，供幼儿继续游戏。也可以提供更多不同乐曲的图谱，让幼儿自由进行配器和演奏。

37 环保服装秀（亲子活动）

活动目标

1. 尝试使用可回收物制作成服装并参与表演，进一步了解可回收物的利用价值。
2. 能综合运用剪、贴、系、拧、穿、扎等各种技能设计美丽的服装。
3. 体验和家人共同参与活动的乐趣，增强家庭环保意识。

活动准备

1. 经验准备：幼儿已和家人一起提前画好服装设计图。
2. 物质准备：
（1）师幼共同收集各种可回收物及装饰用的各种材料。
（2）剪刀、双面胶、针线、订书机等工具。
（3）幼儿阅读材料2《环保服装秀》。
（4）时装表演的音乐和舞台。

活动过程

1. 欣赏幼儿阅读材料中环保服装的图片，产生兴趣。

◆ 教师：这些服装和我们平时穿的衣服一样吗？它们是用什么材料做的？

2. 交流分享设计思路，介绍各种材料。

◆ 幼儿介绍自己的设计图，说一说准备制作什么样式的服装。

◆ 展示和介绍各种可回收物以及辅助工具，说一说需要使用哪些材料。

3. 幼儿和家长一起进行亲子制作。

◆ 在制作过程中教师巡回指导，鼓励幼儿和爸爸妈妈一起动手制作；重点提示幼儿使用多种材料进行装饰，使服装变得更漂亮；注意使用工具的安全，节约使用材料。

◆ 制作完成后，收拾整理自己面前的场地，回收使用剩余的边角料。

4. 播放音乐，幼儿进行时装表演。

◆ 幼儿穿着制作好的服装进行展示，爸爸妈妈在台下观看。

活动建议

★ 教学变式：师幼共同编排相应的表演和走秀，组织专场表演，邀请幼儿园里的老师和弟弟妹妹前来观看。

★ 活动延伸：自制的服装可以提供在小舞台或音乐区的游戏中，供幼儿表演时穿着。

区域游戏

区域名称	游戏名称	材料和指导要点
益智区	走迷宫	材料：封塑的不同难度的迷宫图纸（将垃圾分类的标志绘画在迷宫分岔路处，起引导或是截断路径的作用，使迷宫游戏中潜藏垃圾回收利用的知识点）；水彩笔；抹布 指导要点：自选不同难度的迷宫，找出图中的起点和终点，用笔在迷宫中画出正确的路线
	垃圾回收找不同	材料：将图书《垃圾回收找不同》页面拆开后封塑，根据难易程度标注 1 星—3 星；彩笔；抹布 指导要点： • 层次一，自选不同难度的页面，仔细观察画面，寻找图中不同之处，并用彩笔圈出，完成后与答案页对照 • 层次二，尝试动手做一做书中的小游戏或小实验
数学区	桌面垃圾盒	材料：制作垃圾盒的纸张；剪刀、胶水、订书机 指导要点： • 层次一，选用印有提示线的纸张，沿线剪开，再粘贴或装订，完成一个五面立方体 • 层次二，选用白纸，徒手剪开或撕开缺口，再粘贴或装订，完成一个五面立方体
	撒开心果壳	材料：开心果壳若干，其中一面涂红色，另一面涂蓝色；分合记录纸若干；浅盘若干；笔 指导要点：幼儿自取 7 以内不同数量的开心果壳，撒在浅盘中，观察红色和蓝色的开心果壳分别有几个，并记录在分合记录纸上。用同样数量的开心果壳反复抛撒，直到穷尽该数量的分合
科学区	小园丁	材料：小菜园；幼儿自制的堆肥；手套、小铲子、小桶；记录本、笔 指导要点：用自己制作的堆肥给小菜园的植物施肥，并在记录本上记录下施肥的时间、数量等内容
	垃圾去哪儿	材料：不同垃圾回收处理过程的图卡；彩色卡纸制作的底板 指导要点：根据不同垃圾的回收处理过程，按照顺序将图卡正确地摆放在底板上

续表

区域名称	游戏名称	材料和指导要点
美工区	垃圾变变变	材料：废旧纸盒（快递盒、鞋盒、肥皂盒、牙膏盒、饼干盒等），废旧纸张（打印纸、包装纸等），易拉罐，酸奶罐，装鸡蛋的底托，花生壳、开心果壳等；剪刀、胶棒、双面胶等 指导要点： • 层次一，模仿图片中利用各种材料制作的手工作品 • 层次二，利用现有材料的特点，自己设计制作手工作品
美工区	能工巧匠	材料：收集并分类好的各种可回收物；彩笔、颜料；彩纸；剪刀、胶带、订书机、打孔机等 指导要点：根据在"创意变变变"活动中的设想与创意，制作手工，装饰作品、玩具等。在制作过程中重点注意安全操作工具、节约使用材料、回收边角料等事项
美工区	叮叮咚咚	材料：收集并分类好的各种可回收物；果壳、铃铛、豆子、沙子等辅助材料；剪刀、胶带等 指导要点： 1. 选择自己喜欢的乐器，使用合适的材料，按照制作图示进行制作 2. 制作完成后尝试演奏，注意乐器的牢固性
生活区	小小清洁工	材料：师幼共同收集的各种塑料的、金属的废旧物品；软刷、抹布、洗洁精、洗衣粉等劳动工具和材料 指导要点：用洗洁精和洗衣粉清洗各种废旧物品，再用抹布将水擦拭干净，放在阳光下晾晒
生活区	神奇的酵素	材料：塑料瓶；果皮、红糖、水；餐刀、砧板、盘子；空白标签贴，笔 指导要点：将果皮切碎放入塑料瓶中，再加入水、红糖（比例为3份果皮、1份红糖、10份水）。将塑料瓶来回颠倒，使果皮和糖充分混合均匀。制作好后在瓶身贴上标签日期，放置阴凉、通风之处。发酵时会产生气体，每天都要扭开瓶盖放气
语言区	垃圾回收的绘本阅读	材料：垃圾回收的相关图书；纸、笔、小纸筒等 指导要点： 1. 幼儿自主阅读图书，可以根据书中的内容自由绘画 2. 自己设计回收标志贴在小纸筒上，制作垃圾分类的标志筒
语言区	垃圾分类处理记录册	材料：纸、笔；剪刀、订书机；废旧图书 指导要点： 1. 在废旧图书中剪下各种物品，并贴在一张空白纸上。把分类方式相同的物品集中在一起，绘制处理标识并装订在一起 2. 将装订成册的记录单投放在语言区，供幼儿自主翻阅，相互检查垃圾的分类方式，有不同意见的可以交流讨论再制作
角色区	可回收物真有趣	材料：师幼共同收集的各种可回收物，分类摆放在整理箱中 指导要点：自由取用各种可回收物，并利用在各种游戏中。相互交流分享使用的方法，肯定和鼓励幼儿有创意的使用方式

第四主题　我是环保小卫士

主题背景

　　在前几个主题中，孩子们带着自己的问题，通过调查了解到日常生活中每天都会产生很多垃圾，需要我们进行分类处理。幼儿对垃圾分类有了一定的认识，并通过在日常生活中的操作与实践逐渐形成了良好的垃圾分类的意识和习惯。

　　当前环境污染问题已成为世界各国面临的最重要的问题之一。"地球是共同的家园"，人类环保意识正在觉醒，环保教育迫在眉睫。孩子是祖国的未来，是 21 世纪的主人，对孩子进行环保教育，增强他们的环境保护意识，意义重大而深远。

　　本主题将引导幼儿关心周围环境，从节约用水、光盘行动做起，培养珍惜自然资源的意识，让幼儿从小就开始参与环境保护活动，萌发保护自然及身边环境的意识。

主题目标

1. 能积极查找有关环境保护的资料，了解环境保护的基本常识。
2. 乐意与同伴分享保护环境的经验，能自觉维护周围环境的整洁，节约能源和资源。
3. 乐意参与创编环保儿歌、歌曲等，对环保故事感兴趣。

主题实施路径表

集体活动	日常活动	环境创设	家园联系	区域游戏
38.地球招聘清洁工（语言） 39.环境保护歌（音乐） 40.给环保科学家的信（综合） 41.城市美容师（半日活动） 42.保护秦淮河（综合） 43.美丽的城市（语言）	● 日常渗透 1.观看相关视频，如深海鱼遭污染变异、海洋动物被垃圾伤害、海洋中的垃圾被做成雕塑等 2.值日小班长提醒大家节约用水，继续"光盘请亮灯"的餐后活动，减少厨余垃圾的产生 ● 餐前活动 1.复习歌曲《环境保护歌》 2.观看"环保小卫士"系列动漫《欧力牛和迪瑞羊》 3.分享绘本"幼儿环保教育系列丛书" ● 户外活动和散步 1.和同伴在幼儿园里散步时注意地面有没有垃圾，看到垃圾及时捡起来丢进分类垃圾桶里 2.户外活动时用自己带来的水壶饮水，减少纸杯的使用	1.将幼儿在家中"清理垃圾，分类归纳"的照片布置成海报墙 2.展示利用废旧材料和树叶、松果制作的各种作品 3.设计"我是环保小卫士"的徽章	1.继续阅读、收集各种关于环保、垃圾分类的绘本 2.在家中坚持和幼儿一起进行垃圾分类 3.外出时，有意识地引导幼儿观察公共场所的垃圾箱和上面的标志；家长做好榜样，能按照标记投放垃圾	● 美工区 折叠信封、写信 废旧物品再利用 "环保小卫士"徽章设计 ● 益智区 垃圾分类飞行棋 ● 科学区 污水变干净了 ● 语言区 环保主题的绘本阅读 续编故事《地球招聘清洁工》 ● 建构区 未来的城市

38 地球招聘清洁工（语言）

活动目标

1. 了解部分动物具备的清洁地球的本领，知道动物也可以保护地球的环境。
2. 增强保护环境及环保"从我做起"的意识。

活动准备

1. 经验准备：幼儿已经了解环境污染对人类造成的影响与危害。
2. 物质准备：幼儿阅读材料2《地球招聘清洁工》，人手一册。

活动过程

1. 出示幼儿阅读材料，引发幼儿的兴趣。

- ◆ 教师：地球公公要招聘清洁工，很多小动物都想来报名。

  地球公公为什么要招聘清洁工？地球公公要招聘怎样的清洁工呢？

2. 听故事，理解故事内容。

- ◆ 教师：猜猜看，哪些动物会来应聘清洁工的工作？为什么这些动物会来应聘？（幼儿自由发表意见）
- ◆ 教师：地球公公到底会不会聘用你们说的动物做清洁工呢？
- ◆ 教师翻开幼儿阅读材料，边讲故事边提问。

  教师：故事里，谁来应聘清洁工？应聘哪里的清洁工？
- ◆ 教师再次完整讲述故事。

  教师：海鸥、鲫鱼、乌鸦、秃鹫、蚯蚓能为地球公公做什么事情呢？
- ◆ 师幼小结：这些动物都有着清洁地球的本领，相信它们一定能成为地球公公优秀的清洁工。

3. 讨论：我们能为地球公公做些什么。

- ◆ 教师：动物朋友为地球的清洁做了那么多的贡献，那我们小朋友能为地球公公做些什么呢？
- ◆ 幼儿自由发表意见：减少垃圾，少叫或不叫外卖，以步代车，植树造林等。

活动建议

★ 活动延伸：继续了解"还有哪些动物也可以清除垃圾"，进行故事续编。

★ 区域活动：语言区提供有关动物与人类关系的绘本供幼儿阅读。

【附故事】

地球招聘清洁工

地球公公要招聘清洁工人。动物们都抢着报名。

海鸥第一个报名，他说："我能把海里的面包屑、烂菜叶、死鱼都吃掉，我来做海面的清洁工。"

鲫鱼接着说："我来做河里的清洁工，我会吃掉水虫、水草和垃圾。"

乌鸦说："别看我长得黑黑的，我能吃掉苍蝇产的蛆，还有脏兮兮的爬虫，我当地上的清洁工最合适。"乌鸦这么一说，大伙儿才知道黑乌鸦原来还有这么大的本领。

长得很像老鹰的秃鹫从远方飞来说："草原上的动物死了，我会把它们清理干净，我做草原上的清洁工最合适。"

蚯蚓细声细气地说："我能吃掉地下的垃圾，再把它变成肥料，我来做地下的清洁工。"

地球公公听了很高兴。他笑着说："哈哈！你们都有自己的本领，太好了！海面上、江河里、陆地上、草原上……处处需要清洁工。你们个个都合格，都当我的清洁工吧！"

（小美/文）

39 环境保护歌（音乐）

活动目标

1. 感知歌曲的旋律和节奏，理解歌词的意思，唱准附点音符。
2. 用接唱的形式演唱歌曲，感受垃圾分类的生活方式。
3. 喜欢接唱歌曲的形式，与同伴默契合作演唱。

活动准备

1. 经验准备：有接唱歌曲的经验。
2. 物质准备：歌曲图标一套。

活动过程

1. 复习歌曲《为什么》。
◆ 用接唱的方式复习歌曲。（前四句接唱，后两句齐唱）
2. 学唱歌曲。
（1）教师清唱歌曲，幼儿熟悉歌词。
◆ 教师：歌曲里唱了关于垃圾的什么事情？
（2）出示图标，幼儿理解歌词。
◆ 教师：这里有一些图标，也是说了歌曲里的事情。请小朋友们听一听歌曲，根据歌词把图标按照顺序排好。
（3）教师再次清唱，幼儿选择相应的图标。
◆ 幼儿看图标，按歌曲节奏念歌词1—2遍。
（4）学唱歌曲。
◆ 单旋律演唱歌曲1—2遍，根据图标提示熟悉歌曲旋律。
◆ 带伴奏演唱歌曲1—2遍，根据图标提示唱熟歌曲。
3. 用接唱的形式演唱歌曲。
◆ 讨论歌词内容，明确接唱的分割点。（歌词的第二段、第三段才用接唱的形式，

即 5—12 乐句）
- 尝试按小组接唱歌曲，分组唱出不同的垃圾分类的方法。
- 交换角色接唱歌曲。

活动建议

★ **教学变式**：活动最后根据幼儿对歌词的熟悉程度玩"藏歌词"的游戏，即将图表中的一个或两个反过来，增加学习歌曲的兴趣。

★ **活动延伸**：将歌词中的各种垃圾用相同类型的进行替换，例如将"电池灯泡都有害"替换成"针管胶囊都有害"。

【附歌词】

垃圾分类歌

$1=C\ \dfrac{2}{4}$

5.	3	5	3	1	6	5	—	3.	5	3	5
环	境	保	护	为	大	家，		垃	圾	分	类
爱	护	环	境	有	责	任，		垃	弃	之	前
蔬	菜	水	果	是	厨	余，		汁	水	容	易

5	1	2	—	2.	1	2	3	5	6
靠	自	己，		有	些	垃	圾	可	回
动	脑	筋，		电	池	灯	泡	都	有
到	处	滴。		其	他	垃	圾	多	了

5	—	3.	5	3	2	2	0	3	0	1	—
收，		发	挥	用	处	了		不		起。	
害，		千	万	不	能	混		一		起。	
去，		全	都	分	对	不		容		易。	

40　给环保科学家的信（综合）

活动目标

1. 能按照写信的基本格式，画出自己想对环保科学家说的话。
2. 从小树立环保意识，会思考并提出问题，感受给环保科学家写信的快乐。

活动准备

1. 经验准备：幼儿用图标画过自己关于环保的问题。
2. 物质准备：
（1）小菜皮的来信，一个大信封。
（2）白纸、水彩笔或记号笔，人手一份。

活动过程

1. 出示"小菜皮"的来信，引起幼儿回信的兴趣。

◆ 教师读"小菜皮"的来信。

> 亲爱的大×班小朋友：
> 　　你们好！
> 　　听说你们一直都在帮我们这些厨余垃圾想办法，我知道后非常感动。感谢你们想出了各种各样的好办法来帮助我们。我们想说的是：如果人们在平时生活中能想出更多的办法来对我们进行合理的收集和处理，让我们发挥更大的作用，那就太好了！
> 　　再次表达感谢，希望以后我们都会越来越快乐！
> 　　祝！
> 进步！开心！
> 　　　　　　　　　　　　　　　　　　你们的新朋友：小菜皮
> 　　　　　　　　　　　　　　　　　　××年×月×日

◆ 教师："小菜皮"的信里有哪些内容？

2. 了解写信的基本格式，引导幼儿讲述信的内容。

◆ 教师：我们可以怎么帮助它呢？设计合适的垃圾收集和处理器这件事情可以给谁写信呢？（环保科学家）怎么写这封信？

◆ 帮助幼儿了解写信的格式。

◆ 教师：看这封信的人要放在信纸的什么位置？你想说的事情要放在第几行开始讲述？想说的事情说完了，还要向对方表示礼貌，可以写一些祝福的话。最后写这封信的人是谁，写这封信的时间是哪一年的几月几日，要让看信的人知道。

- 师幼讨论中，教师可以把黑板当做信纸，用图标把信的各部分内容标注在"信纸"上。

3. 幼儿写信，画出自己想对环保科学家说的话。
- 提醒幼儿尽量准确地画出自己想要表达的意思。
- 教师帮助个别有困难的幼儿。

4. 交流信的内容。
- 请幼儿介绍一下自己信的内容。
- 将幼儿的信一起装进一个大信封，寄给环保科学家。

活动建议

★ 活动延伸：鼓励幼儿之间互相尝试写信，巩固对信的格式的理解。

41 城市美容师（半日活动）

活动目标

1. 了解马路清洁工的工作，感受他们工作的辛苦，从小养成不乱扔垃圾的好习惯。
2. 认识常见的劳动工具，乐意参与日常的劳动。

活动准备

1. 经验准备：有过向成人提问并记录答案的经验。
2. 物质准备：
（1）联系环卫中转站的清洁工，商量活动内容和方式。
（2）手套、袖套、扫帚、簸箕等清洁工具。
（3）幼儿操作材料2《清洁小天使》，人手一册。

活动过程

1. 谈话导入，引起幼儿的兴趣。
- 教师：小朋友，今天我们邀请了一位客人来到我们班。老师先不介绍她是谁，大家一起看一看她的工作服。她的工作服是什么样的？（反光背心、橘色的衣服、帽子等）猜一猜，她的职业是什么？

教师：阿姨的打扮有什么与众不同的地方？为什么要带小黄帽、穿反光背心呢?

2. 了解清洁工的日常工作,感受他们工作的辛苦。
- 教师:她是一位清洁工,也是城市的美容师。为什么说他们的身份是"城市美容师"?(幼儿结合自己的已有经验说一说清洁工人日常的工作内容)
- 清洁工人介绍自己的工作时间和内容:每天早晨上班时间,劳动的范围,劳动的程序,在炎热的夏天或是寒冷的冬天工作时的感受等。教师有意识地向清洁工人提问,提醒相关内容。
- 师幼小结:我们的生活离不开清洁工人每天的辛勤付出。因为有了他们,我们城市的环境才会特别的干净、整洁。
- 幼儿向清洁工人提出自己的问题。

3. 认识简单的清洁工具。
- 出示幼儿操作材料,让幼儿圈一圈清洁工具。
  教师:在日常的工作中,清洁工主要会使用到哪些劳动工具?请你圈画出来。
- 出示各种劳动工具,帮助幼儿了解其用途。
  讨论:这些工具跟我们在幼儿园、在家里使用的有什么不一样?有什么特别的用处?

4. 实践活动"我是幼儿园美容师"。
- 教师:今天老师也准备了很多清洁工具,我们一起来做"幼儿园的美容师",大家一起动动手,把幼儿园清扫干净。
- 幼儿分组承担幼儿园不同位置的清扫、擦拭的劳动。邀请清洁工阿姨指导幼儿正确扫地。

活动建议

★ 家园共育:幼儿回家后跟家长商量,承担一些力所能及的家务劳动。

42　保护秦淮河(综合)

活动目标

1. 初步感受秦淮河河水由清澈到混浊再到清澈的发展变化过程。
2. 愿意用自己积极的行动保护秦淮河,树立环保的意识。

活动准备

1. 经验准备：周末家长带幼儿去秦淮河边走一走、看一看、拍一拍，选择1—2张有代表性的照片发到班级群里。
2. 物质准备：幼儿阅读材料2、幼儿操作材料2《保护秦淮河》，人手一册。

活动过程

1. 欣赏和爸爸妈妈参观时拍摄的秦淮河照片。
- ◆ 教师：这是我们去过的什么地方？
  教师：除了在夫子庙，你还在什么地方看到过秦淮河？
2. 出示幼儿阅读材料，师幼共同欣赏不同时期的秦淮河图片，感受河水的变化。
- ◆ 教师：你现在看到的秦淮河是什么样的？以前的秦淮河是什么样的呢？
- ◆ 教师按照不同的时期出示相应的图片并提问：这张图片上的秦淮河是什么样的？发生了什么变化？人们在干什么？现在的秦淮河又发生了哪些变化？
- ◆ 小结：秦淮河的河水在曾经的一段时间里，由于人们一些不好的行为破坏了它的环境。但最近这几年，人们改变了这些不好的行为，开始积极地保护秦淮河，把秦淮河又变回了原来优美秀丽的景象。
3. 萌发爱护秦淮河的环保意识。
- ◆ 教师：秦淮河是我们南京城最主要的河道，也是一处风景优美的旅游胜地。作为一名南京的小主人，我们应该怎样来爱护它呢？（幼儿结合自己的环保经验进行讲述）
- ◆ 教师出示幼儿操作材料，请幼儿将自己的环保想法用绘画的形式记录下来，教师用文字在旁边简单记录幼儿的想法。
- ◆ 小结：我们人人都从自己做起，从身边的小事做起，共同来爱护秦淮河，秦淮河的明天一定会更加美丽！

活动建议

★ 教学变式：本活动以南京的护城河"秦淮河"为例来开展，不同地域的幼儿园可以选择本土性很强的自然资源来引导幼儿了解其历史文化和发展变化。

★ 活动延伸：可以小组合作绘制环保宣传海报，向全幼儿园的小朋友和家长进行宣传和倡议；还可以组织户外亲子活动，来到秦淮河边实践和宣传环保的行为。

43 美丽的城市（语言）

活动目标

1. 理解故事内容，知道干净、整洁的城市才是美丽的城市。
2. 能用基本完整的语言说出自己对故事的理解，声音响亮。
3. 知道垃圾要分类，有保护环境的意识。

活动准备

1. 经验准备：
（1）对周围的环境有一定的关注，知道不乱扔垃圾是一种文明行为。
（2）了解过垃圾分类，有基本的环境保护的经验。
2. 物质准备：幼儿阅读材料2《美丽的城市》，人手一册。

活动过程

1. 交流关于城市的已有经验，激发欣赏故事的兴趣。
- 教师：我们生活在哪座城市？我们的城市漂亮吗，为什么？
- 教师：美丽的城市是什么样子的呢？我们一起来听听故事《美丽的城市》。
2. 欣赏故事，初步理解故事内容。
- 教师完整讲述故事《美丽的城市》。
   教师：这个故事叫什么名字？故事里有谁？说了一件什么事情？（幼儿自由谈论对故事的初步印象）
- 教师提醒幼儿用较完整的语言表达自己对故事的初步理解和认识。
3. 出示幼儿阅读材料，再次欣赏故事，鼓励幼儿用较完整的语言说出故事的主要内容。
- 教师：想不想看看美丽的城市是什么样子的？这次，我们一边看书，一边听故事，想一想QQ城怎么会变成美丽的城市的。
- 幼儿一边看书，一边听教师再次讲述故事。教师引导幼儿按照从前往后的顺序，逐幅观察画面内容。
- 教师：开始时QQ城是什么样子？"臭气熏天"是什么意思？为什么没有及时清理垃圾？
- 教师：后来皮皮的愿望是什么？他的愿望实现了吗？他的愿望是怎样实现的？
- 教师：最后QQ城变成了什么样子？人们喜欢这样的城市吗，为什么？

4. 交流美丽城市给人们带来的感受，扩展关于环境保护的经验。
- 教师：QQ城的居民喜爱美丽的城市，你喜欢吗？你知道美丽的城市会给人们的生活带来哪些好处呢？
- 教师：怎样做才能使我们的城市变得更加干净、整洁、美丽呢？
- 幼儿结合自己的经验谈谈保护城市环境的方法，比如，将垃圾分类后扔进指定的垃圾桶、节约身边的资源等。
- 教师小结：干净的城市才是最美丽的，让我们一起努力从垃圾分类开始做起，把我们的城市变成一座美丽的大花园吧！

活动建议

★ 教学变式：教师讲述故事第一段，请幼儿猜想后面可能会发生什么事情。

★ 活动延伸：在集体欣赏后将幼儿阅读材料投放到阅读区中，引导幼儿根据故事结尾想象绘画出干净整洁的QQ城。

★ 环境创设：可以结合自己城市的特点，寻找一些美丽城市一角的照片供幼儿欣赏；也可以准备某些很脏的角落的照片进行对比，感知干净的城市给人们带来的舒适和快乐。

【附故事】

美丽的城市

QQ城是一座新建的城市，一幢幢高楼非常漂亮。人们开开心心地搬进了自己的新家。

随着时间的推移，皮皮发现，人们到处乱扔垃圾。慢慢地，这座新城变得臭气熏天。

皮皮躲在家里都不敢出门了。

一天，有个外星男孩贝贝问皮皮："你为什么不出去玩呢？"

皮皮说："你瞧瞧，我们的新城市变得太脏了！"

贝贝说："我可以帮你实现一个愿望。"

皮皮太高兴了，他说："我希望大家不乱扔垃圾，让城市变回原来干净整洁的样子。"

第二天一大早，皮皮打开窗户，惊奇地发现周围的一切都变了：马路上多了分类垃圾桶，人们不再乱扔垃圾，环卫工人在认真清理路面。

他匆匆跑到楼下找好朋友玩耍：干净的路面，清新的空气，美丽的城市，真好啊！

区域游戏

区域名称	活动内容	材料和指导要点
美工区	折叠信封、写信	材料：白纸、牛皮纸；水彩笔、记号笔；胶棒、双面胶、剪刀等 指导要点： 1. 能参照视频或图片中的步骤图学折信封 2. 尝试给爸爸妈妈、老师或好朋友"写"封信，注意信的基本格式和常见的礼貌用语
美工区	废旧物品再利用	材料：废旧纸盒（快递盒、鞋盒、肥皂盒、牙膏盒、饼干盒等），废旧纸张（打印纸、包装纸等），易拉罐，酸奶罐，装鸡蛋的底托，花生壳、开心果壳等；剪刀、胶棒、双面胶等 指导要点：利用现有材料的特点，自己设计制作手工作品
益智区	垃圾分类飞行棋	材料：底图；棋子、骰子（可以制作，也可以购买） 指导要点：从起点出发，每人一次掷骰子的机会。按掷到的点子数量走到相应的格子里，根据格子里的要求做出判断，游戏继续
科学区	污水变干净了	材料：海绵、网纱、石英石；一盆混有颜料和泥沙的脏水 指导要点：能按照视频或图片中的步骤图尝试过滤污水
语言区	环保主题的绘本阅读	材料：有关垃圾分类、环保主题的绘本，故事盒、小视频等 指导要点： 1. 自主阅读绘本或听故事 2. 能根据自己对绘本的理解，画一画故事内容
语言区	续编故事《地球招聘清洁工》	材料：绘本《地球招聘清洁工》；白纸、水彩笔 指导要点：能根据故事情节续编绘本，比如，还有哪些小动物来应聘清洁工？它们有哪些特殊的本领
建构区	未来的城市	材料：各种形状的积木，易拉罐、奶粉罐、纸杯 指导要点： 1. 搭建前独立思考或与同伴商量"准备搭建什么"，把想法记录在纸上 2. 运用垒高、围合、架空等多种方法搭建，并用辅助物（废旧物品）进行装饰